# 時を超えた詩《し》心《ごころ》の共鳴

## ――ゲーテと池田大作――

田中亮平 著
TANAKA RYOHEI

# はしがき

本書は、筆者が数年にわたって担当した創価大学での講義をもとにまとめたものです。創価大学創立者池田大作先生は、日本から始まって世界的組織になった創価学会インタナショナルの指導者として広く知られています。それればかりではなく、詩人・小説家として、教育家として、さらには平和運動家として著名です。

一方のゲーテは十八世紀から十九世紀にかけてのドイツで、詩人・小説家として、自然研究者として、また政治家として活躍した人です。

この二人を関係づけて論じることになった最大の理由は、専門の研究者を別にすれば、池田先生が今日の日本において最も顕著《けんちょ》なゲーテ読者の一人であるという事実によります。その詳《くわ》しいいきさつは本書の第二章にゆずりますが、「顕著な」という言い方をしたのは、池田先生が著作活動を通してゲーテ論を発表し続けてきたことに基づいています。

ゲーテに限らずトルストイ、ユゴー、ホイットマンなど、池田先生は人物論や文学論を折に触《ふ》れて発表しています。あるいは直接テーマとしない場合でも、多くの講演や執筆活動の中で、古今の思想家、哲学者、文学者などの言葉を引用して論を進めることも多くあります。ですから池田先生のゲーテ論を考察することは、その広範な言論・著作活動における重要なファクターに光を当てることを意味しています。

本書ではさらに池田先生の思想や行動の全体像の中から、その人間主義と平和思想に焦点を当て、ゲーテとの対比を試みています。この二つは池田先生の本質を形作る要素であり、まさにこの点において池田先生とゲーテの親近性《しんきんせい》が際立っていると考えたからです。

なお本書はゲーテについてあまりなじみがないという読者のために、前半のかなりのスペースを割《さ》いてゲーテの生涯を概括的《がいかつてき》に紹介しています。何しろその生涯は八十年以上にわたるので、結果として多くの紙数を必要としてしまいました。あらかじめ概観を知るためだけでなく、後半の叙述を読む際にも適宜《てきぎ》参照してもらえればと思います。

今後の池田大作研究という視点から見れば、こうした人物論も大きな未開拓の分野と言えます。本書がそのささやかなさきがけの試みとなれば、これにすぐる喜びはありません。

なお本書の叙述では、慣例により人物名の敬称を略させていただくこととします。

終わりに、本書の出版に力を尽くしてくださった創価大学・創価教育研究所の伊藤貴雄氏と、忍耐強くつきあっていただいた第三文明社に、心からの謝意を表したいと思います。

# 目次

# 第一章　ゲーテの生涯と作品

78歳のゲーテ（J.C. シュティーラー）

# 少年時代

## フランクフルト

ゲーテが生まれたのは、一七四九年八月二十八日のことで、場所はドイツ中部の町フランクフルトである。フランクフルトという名前はフランク族のフルト（＝浅瀬、英語のフォードに相当する）に由来するとされている。フランク王国のカール大帝が戦いに敗れ、敵に攻められてマイン川を背に切羽《せっぱ》詰まった時、一頭の雌《めす》ジカが川を渡っているのを見て、その後に続いて全軍が無事に渡河《とか》することができたというところから名付けられたという伝説もある。しかし市中を貫《つらぬ》いて流れるマイン川のとうとうたる水量を見ていると、とても渡れるような浅瀬は見当たらないように思えるのだが、当時は今よりも川幅が広くて、そのぶん川底も浅かったのだそうだ。

フランクフルトという名前の町はほかにもあって、特に旧東ドイツとポーランドの国境近くにあるフランクフルトは、ゲーテよりも後輩の大劇作家クライスト生誕《せいたん》の地として知られる。一方はマイン川、他方はオーダー川に面しているので、それぞれ「～川沿いの」というように川名を付けて区別している。アメリカやカナダにもドイツからの移民にちなんで、多くの州にフランクフォートという名前の町があるようだ。

ゲーテのフランクフルトに話を戻すと、町の名前が記録に最初に現れるのは西暦七九四年のことで、後に大帝と呼ばれることになるカール王のもとで、フランク王国の聖俗の集会が催《もよお》された時のことである。王国の分裂後はレーゲンスブルクと並んで東フランク王国の首都を共有し、八五五年以降は王国の戴冠式《たいかんしき》の舞台となって、後の神聖ローマ帝国でも同様の役割を果たした。

中世以来フランクフルトは見本市の町として知られていたが、早くも一一五〇年にはそれについての記述があり、一二五〇年には皇帝フリードリッヒ二世から見本市参加者保護の勅許状《ちょっきょ》が出されるまでになり、一三七二年には徴税《ちょうぜい》権や裁判権を備えた帝国直属の自由都市となった。

## 父母と生家

このような歴史と伝統のあるフランクフルトにあって、ゲーテの生家《せいか》は名望家として知られていた。父方の祖父は仕立て屋で、後に旅館業で成功して財《ざい》をなした人であるが、彼の死後その妻、つまりゲーテの祖母が旅館を売り払って現在のフランクフルトのゲーテハウス（ゲーテの生家）の家を買い取った。息子のヨハン・カスパール、つまり詩人（ゲーテ）の父は、学問をおさめた後イタリアをはじめとしてヨーロッパ各地を旅行して見聞を広めた。故郷に戻ると帝国顧問《こもん》官の称号を手に入れ、当時十七歳の市長の娘、カタリーナ・テクストルと結婚した。夫婦の間には二十一歳の年の開きがあり、母は父よりも子供のほうと年が近いくらいに若かった。この母と父について、晩年のゲーテが回想しつつうたった詩句は有名である。

父からは体つきと

人生のまじめな過ごし方を、
母からは陽気な性質と
お話を作る喜びを受けついだ
（『温順なクセーニエンⅥ』、筆者訳）

ゲーテの生家

ゲーテの生家は今日でもフランクフルトのグローサー・ヒルシュグラーベンという通りに立っている。父は購入主の祖母の死後、二軒続きの家を一軒に改築した。その経緯《けいい》については『詩と真実』の中で詳しく報告されている。改築後の様子を描いた版画も残されており、それを見ると屋敷《やしき》のたたずまいが今にそのまま伝えられているのがわかる。詩人（ゲーテ）が成長してフランクフルトを去った後、父の死後に母がこの家を売りに出した。人手に渡って内部の改装も行われたが、その後ゲーテ研究が盛んになった結果、一八六三年に財団が作られて買い戻され、記念館（ゲーテハウス）となったものである。戦災《せんさい》も受けて地下室と土台を残すのみでほぼ完全に破壊《はかい》されたが、すでに一九四七年には再建が始まり、五一年に完成した。今日では生家《せいか》の隣に博物館も併設されている。

ゲーテは長男であったが、その下に五人の弟妹が続いた。しかし大人になるまで成長したのはすぐ下の妹のコルネリアだけであった。母が語る少年ゲーテのエピソードを紹介してみよう。

彼女は子供たちに物語を語って聞かせるのが好きだった。幼いゲーテもそれを飽《あ》かずに聞いた。気に入った人の運命が思い通りにならないと「額《ひたい》に怒りの青筋《あおすじ》がふくれ、涙をかみころして」いた。話が翌日に持ち越しになると、自分で続きを考える少年だった。彼は自分の考えた話を、先に祖母に話して聞かせた。母はこっそりそれを聞いておいて、少年の考えた筋《すじ》に沿って続きを作ったのである。また直接彼に話させて「あたったわ、そういうふうになったのよ」ということもあった。そんな時、少年は「もう夢中になって、その心臓が襟飾《えりかざ》りの下でどきどき打っているさまが見えるほど」だったという（ビーダーマン編、大野俊一訳『ゲーテ対話録』第I巻、白水社、一九六二年、五ページ）。

ゲーテの父は大変教育熱心な人で、家の改築時にやむなく学校にやった時期をのぞけば、自ら教師となったり家庭教師を雇《やと》って教育した。友人たちの中ではゲーテはよく知られた家の子供であったし、祖父に市長もいた関係で、むしろやっかみ半分のいじめの対象になることもあったようである。集団でいじめにあい、それに腕力で対抗したり、悪意の中傷に対して毅然《きぜん》として反論している様子が『詩と真実』にも描かれている。

## リスボンの大地震と七年戦争

ゲーテの少年時代、ヨーロッパ的に見れば二つの大きな事件が目を惹《ひ》く。一つはポルトガルの首都リスボンを襲《おそ》った大地震である。一説には六万の人が死んだと言われるこの地震が襲ったのは一七五五年十一月、ゲーテが六歳の時だった。慈悲深い存在であるはずの創造主が、正しい人も罪のある人も区別することなく滅ぼしてしまったという事実は、少年ゲーテの心に神の正義というものに対する解《と》けない謎として残った。

もう一つは一七五六年に始まり、六三年まで続いた七年戦争である。プロイセンのフリードリッヒ大王と、同じドイツのザクセン王国との間に開かれた戦端は、たちまちオーストリアの皇帝やフランス王家を巻き込むヨーロッパ大戦に拡大した。ゲーテの身内でも皇帝側とプロイセン側の党派的な争いが生じた。尊敬の対象であった祖父が敵方の皇帝側に味方するのに幻滅《げんめつ》を感じ、ゲーテの心に党派的争いに対する嫌悪《けんお》感を植え付けたが、それは終生《しゅうせい》にわたって続くことになった。

またこの戦争はフランクフルト市民にもその災厄《さいやく》を及ぼした。すなわち市がフランス軍によって占領され、ゲーテ家も軍に宿営を提供しなければならなくなったのである。軍政長官の宿営となり、三年間にわたって敵国の宿営兼執務所となったことは、ゲーテの父にとっては耐《た》えがたいことであったが、子供たちにはむしろ楽しい思い出となって残ったようである。
さてゲーテの詩作に対する才能は早くから目覚めていて、「母からはお話を作る喜びを」とうたった通り、遊び友だちを相手にさかんにお話を作って聞かせていた。そのことを物語るエピソードをやはり母が語り残している。
四歳下の弟ヘルマン・ヤーコプは六歳まで生きた。遊び友だちだったこの弟が死んだ時、ゲーテは涙一つこぼさず、むしろ両親やきょうだいが嘆いているのに腹《はら》を立てているようだった。後になって母が「弟が好きではなかったのかと訊《き》いたとき」、十歳のゲーテは「走って自分の部屋に行き、ベッドの下からたくさんの紙を引っぱり出して持ってきた。これには聖書の句やいろいろな物語が書いてあった」が、「これはみんな弟に教えてやるつもりで作ったのだ」と言ったという。（前出ビーダーマン、第Ⅰ巻、七ページ）
『詩と真実』にもそのころ語っていた話の一つとして『新パリス』が紹介されているが、このほかにも祖母からの贈物《おくりもの》であった人形芝居《しばい》の舞台に熱中し、脚本を書いたり上演会を催《もよお》したりもした。そのうちフランスの演劇を見に劇場へも通った。後の大詩人への素養はこうして徐々にはぐくまれていったのである。

## ライプツィヒ大学と病気療養

十六歳になったゲーテは大学で学ぶべく、ライプツィヒに向けて旅立つ。この地でおよそ三年間過ごすことになるが、当初父が望んだ法律学の勉強にはあまり熱心ではなく、代わりに当時の文芸の先進地であるこの町で、ゴットシェートやゲラートといった文芸理論家や詩人に接触したり、宿屋の娘カタリーナに恋をして彼女に捧《ささ》げる詩集を作ったりする。また友人ベーリッシュとともに放埒《ほうらつ》な学生生活を楽しんだが、その様子は後に『ファウスト』第一部の「ライプツィヒのアウアーバッハの酒場」の場に巧《たく》みに描きこまれている。しかしその一方で、画家エーザーのもとで手ほどきを受けたり、彼からヴィンケルマンの名著『古代芸術史』を知らされたが、これらは後々まで残る収穫となった。

しかし学業半ばにしてゲーテは病に倒れる。激しい吐血《とけつ》に襲われた後、首に腫物《はれもの》ができ、一月ほど闘病《とうびょう》した後に故郷の町に帰ってきた。病気療養は長引き、何度か生死の境をさまようような事態にもなった。その結果、彼は生死を超えた超現実的な世界に関心を深め、スエーデンボリやヴェリングといった人たちの魔術や錬金術《れんきんじゅつ》に親しみ、自分でもその種の実験をしているが、『ファウスト』第一部の「夜」の場面にその経験が反映しているとされる。しかしキリスト教神秘主義の流れをくむ敬虔主義《けいけんしゅぎ》への接近が、この時期の最も重要な出来事であった。

そのきっかけは母のいとこであったクレッテンベルク嬢との出会いだった。彼女と親しく語り合う中で、神を自己の内面に見出《みいだ》し、これと和解して現実の労苦に耐えるという敬虔主義の考えを知ったが、死に至るほどの病苦を経験したゲーテに強い感銘《かんめい》を与えた。ただその一方で信仰、特にキリスト教に対して、ゲーテは自分独自の宗教を持つことが許されるという考えに立ち、「新プラトン主義」的宇宙生成論を構想している。

この考えは『詩と真実』第二部第八章に詳《くわ》しく書かれているが、集中と拡大という概念を使ってすべての被造物《ひぞうぶつ》のうちにひそむ潜在的可能性を想定し、人間にあっては自己の有限性に固執《こしゅう》する集中の運動と、永遠なるものへと向かおうとする拡大の運動とが備わっていると考える。しかしそれは万物の基本的特性であり、その意味では神に由来する性質であるから、この拡大への衝動に従って人間も神なるもの、永遠なるものへ向かうよう定められている。「ここに救済は永遠の昔から決定されているばかりでなく、永遠に必然のものとして考えられている」（『詩と真実』第二部第八章、河原忠彦訳、潮出版社版『ゲーテ全集』九巻、三一三ページ）という箇所《かしょ》には、ファウストの救済に通じるような宗教観が見られる。

# 天才詩人の登場

## シュトラスブルク大学

およそ一年半の闘病《とうびょう》を終え、再び健康を回復したゲーテは、今度はドイツの南西、フランス領アルザス地方のシュトラスブルク大学へ向かう。一七七〇年のことである。今度こそ法学の学業を成就することが目的であったが、やはり最大の収穫《しゅうかく》は文学の分野にあった。

二つの重要な出会いがゲーテを待っていた。一つは新進の文芸評論家として知られていたヘルダーとの、そしてもう一つはまったく無名の少女フリーデリケ・ブリオンとの出会いである。ヘルダーとの出会いはゲーテに文学上の「目覚《めざ》め」をもたらし、フリーデリケとの恋愛は新生ゲーテに実作上の収穫をもたらすきっかけとなった。そしてそれはただ単にゲーテの文学の革新であっただけではなく、ドイツ国民文学の本格的開幕を告げる事件であり、「疾風怒濤《しっぷうどとう》」と訳される「シュトルム・ウント・ドラング」運動の始まりでもあった。

ヘルダーはもともとさる貴族の世継《よつぎ》の説教師兼《けん》随員としてシュトラスブルクへ来たが、その勤《つと》めを辞し、眼病の治療のためになおこの地に滞在していた。ゲーテは彼を見かけると自ら話しかけ、ヘルダーもその彼の率直さが気に入り、やがてゲーテの訪問が繰り返されるようになる。しかしヘルダーは万般《ばんぱん》にわたってゲーテの見解に手厳しい批評を加えるのが常で、それはかりかその人格まで、まるで雀《すずめ》のようだと、けなすほど気《き》難《むずか》しい一面もあった（前出ピーダーマン、第I巻、二二一ページ）。

ヘルダーの主張は、原初的な民族固有の特性に思いをいたし、そこから民族固有の文化を構想する。詩がその精華であり、その具体的な表れを民謡《みんよう》に求めるというものであった。こうした彼の考え方は、ゲーテの詩作態度を一変させる。ロココ風の技巧《ぎこう》を捨て、あたかも自然自身が語るかのように詩作することで、人間の飾《かざ》らない素朴な感情が直接的に表現されるような詩が生まれることになるのである。

しかし実際にゲーテに詩作上の新生《しんせい》が訪れるためには、より具体的なきっかけが必要であった。アルザスの自然がはぐくんだような素朴《そぼく》で可憐《かれん》な少女フリーデリケとの恋愛がそのきっかけをもたらした。心情の高揚《こうよう》をもたらしたこの体験があって初めて、ゲーテの詩が現実に紡《つむ》ぎ出されることになったのである。フリーデリケに寄せた詩は、彼女が住んでいた村の名前にちなみ、『ゼーゼンハイム小曲集』と呼ばれている。

ゲーテがシュトラスブルクでの食卓仲間に誘われ、その親類筋であったこの村の牧師館を訪ねたのは一七七〇年の十月十日のことだった。この牧師ブリオン家の三女がフリーデリケで、当時十九歳だった。一目で恋に落ちたゲーテは、繰り返し彼女のもとを訪れ、手紙を書き、詩を贈った。体験に基づく自然な感情の直接的な表現が素朴《そぼく》な言葉遣《づか》いに乗せて、生き生きと躍動的《やくどう》にうたわれる。ここに本来の詩人ゲーテがその姿を現した。と同時にそれは、ヘルダーが待望したドイツ国民文学の誕生の時でもあった。

「野ばら」「五月の歌」「逢瀬《おうせ》と別れ」などをはじめとする六編は、初めてのゲーテの著作集にも収められているが、そのほかにもフリーデリケに贈られた詩のいくつかが、この二人の恋人がどちらも亡くなった後の一八三五年、一人の大学生によって発見されるという後日談《ごじつだん》もある。いずれにしても一年足らずの短い恋ではあったが、恋愛の高揚《こうよう》感と幸福感に促されることによって、次々に不滅の詩句を生み出していくという、終生《しゅうせい》繰り返されることになるゲーテの詩作のパターンが、最初の本格的な実りを結んだ時期であった。

## シュトルム・ウント・ドラングの詩人

とはいえ学業を終え、フランクフルトに帰ったゲーテは、まだ無名の新米《しんまい》弁護士だった。その彼の名を一躍《いちやく》世に知らしめることになった作品が『鉄手の騎士《きし》ゲッツ・フォン・ベルリヒンゲン』である。シュトラスブルク時代のはじめから構想していたこの戯曲《ぎきょく》を完成に導いたのは、一つはシェークスピアへの傾倒《けいとう》であり、もう一つは妹コルネリアの促《うなが》しであった。ヘルダーによって強い感化を受け、シェークスピア理解は大いに進んだが、それよりも前のライプツィヒ時代から、ゲーテはシェークスピアに魅了《みりょう》されていた。当時主流だったフランス的な劇作法は、「三一致《さんいっち》の法則」（劇が一日のうちで、一つの場所、一つの筋《すじ》で完結することを目標とする）を遵守《じゅんしゅ》し、そのためさまざまな制約があった。この点シェークスピアの劇作法ははるかに自由で、長い時間にわたって異なる場所で物語が進行していく。『ゲッツ』はこうしたシェークスピア劇の特徴を備えた作品で、年代記的な記録をもとにしており、頻繁な場面転換《てんかん》を行う。

戯曲の構想を繰り返し聞かされた妹コルネリアは、それを実際に執筆するよう促す。しかも一部だけ書いてこれを読み聞かせられた時は、とても完成まで行くことはないだろうとの懸念《けねん》を示し、兄のプライドを刺激《しげき》する。こうしてゲーテは六週間でこの作品を完成した。早速ヘルダーにも草稿《そうこう》を送って、その批評を仰いだ。返事はそっけなく厳《きび》しいものだったが、ゲーテは今度はそれには惑わされず、さらに改稿《かいこう》の上、一七七三年に匿名《とくめい》で出版する運びとなった。

反響は大きく、ゲーテの名は一躍《いちやく》人々に知られることになる。「いたるところで大きな感動の波が起こり、この本の評判はあまねく広がっていった」（『詩と真実』第三部第十三章、河原忠彦訳、潮出版社版『ゲーテ全集』一〇巻、一二七ページ)。フランス劇びいきのフリードリッヒ大王の批判をはじめとして、レッシングやヴィーラントなどの賛否両論が渦巻《うずま》き、ベルリンやハンブルクなど主要都市での上演も相次いだ。

いわゆるシュトルム・ウント・ドラング運動は、ヘルダーの思想に端《たん》を発し、若い世代の詩人たちが理性からの感情の解放をうたって起こした文学上の革新《かくしん》運動であったが、『ゲッツ』の作者ゲーテは今やその渦の中心であった。彼のシュトルム・ウント・ドラング時代を代表するものにはほかに、世界史上の巨人や神話の人物に託《たく》した一連の世界観詩がある。神々に反抗して人間を創造したとされるプロメテウスに託し、独立不羈《ふき》の精神を高らかにうたったものや、同じくギリシャ神話からゼウスに愛された少年ガニュメートのエピソードを借りて、神的な自然との一体感をうたったもの、さらには預言者ムハンマドの生涯《しょうがい》を川にたとえ、山間に発して大河となり、やがて永遠の大海へとそそいで行くさまをうたったものなどもある。すでにシュトラスブルク時代に構想された『ファウスト』もこのころ書き始められている。

詩人のたぎるような創作欲は、時として羽目《はめ》をはずした茶番劇や辛辣《しんらつ》な風刺《ふうし》劇をも生み出す。シュトルム・ウント・ドラング運動の拠点《きょてん》雑誌『フランクフルト学芸報知』には道化劇『ハンスブルストの婚礼』や『神々、英雄、ヴィーラント』なども発表され、後の『クセーニエン』の遠慮会釈《えんりょえしゃく》のない風刺詩人ゲーテの面影を先取りしている。こうした闘争性もまたゲーテの一面であった。

このころのゲーテの交友関係は多彩で、シュトルベルク伯《はく》兄弟、後に妹コルネリアの夫となったシュロッサー、『ファウスト』に登場する悪魔・メフィストフェレスを思わせる辛辣《しんらつ》な批評家メルク、博愛的教育家バーゼドー、スイスの観相学者ラヴァーター、詩人で哲学者のヤコービ兄弟などがいた。デュッセルドルフを旅した際にはとりわけ弟のフリッツ・ヤコービとスピノザの哲学をめぐって語り合った。またダルムシュタットにはヘルダーの婚約者のカロリーネを含む友人たちがいて、ゲーテはこの友人たちとの集いをうたった「巡礼《じゅんれい》の朝の歌」という名詩を残している。

また自作の戯曲《ぎきょく》の題名を『シュトルム・ウント・ドラング』とし、この時代の文学運動全体を表す言葉の名付け親となったマクシミリアン・クリンガーをはじめ、J・M・R・レンツや、ゲーテの構想を拝借して『嬰児殺《えいじごろ》し』を書いたH・L・ヴァーグナーなど、一群の詩人たちもいた。

## 『若きヴェルターの悩み』

若いゲーテを代表する最大の作品は、何といっても書簡体小説《しょかんたいしょうせつ》『若きヴェルターの悩《なや》み』である。シュトルム・ウント・ドラングを代表する作品であるばかりではなく、ゲーテの最も成功した代表作として、いやさらにそれをも超えて、永遠の青春の書とも恋愛小説の古典中の古典ともなっている作品である。

きっかけは法律の仕事に関係している。話はさかのぼるが、法律得業士《とくぎょうし》の学位を得て、ドクトルの称号《しょうごう》を用いる身となってシュトラスブルクから戻ってきたゲーテは、弁護士としての活動を始め、父もこれに協力した。こうした中、当時の法律家の養成コースに従い、ゲーテは一七七二年五月、神聖ローマ帝国の高等法院が置かれていたヴェッツラーの町に赴《おもむ》く。しかし法律の研修よりもはるかに重要な出来事は、当時十九歳のシャルロッテ・ブッフ（以下、ロッテと略す）との出会いであった。『若きヴェルターの悩み』のヒロインのモデルとして永遠化された女性である。

小説とは異なり、彼女の住まいは町の中心部にあるドイツ騎士団館《きしだん》と呼ばれる建物であったし、先に知り合ったのはロッテの婚約者のケストナーのほうだった。しかし亡くなった母に代わって幼い弟妹の世話をする彼女の姿がたちまちゲーテを魅了《みりょう》したのは小説と同じである。ゲーテは彼女のもとを足しげく訪れ、ケストナーとも友人関係を保った。しかしロッテへの思いはつのり、ついにそのもとを去る決心をする。

フランクフルトへ戻ったゲーテのもとに、ライプツィヒ時代から知っていて、ヴェツラーでもともに過ごした友人イェルーザレムの自殺の報が届く。彼もまた人妻《ひとづま》に不幸な恋心を抱《いだ》き、また職務上の不当な扱いもあって世をはかなんだ末の自殺であった。ゲーテはことの仔細《しさい》を深く知るために再びヴェッツラーを訪れ、ロッテやケストナーと再会している。

またこのころゲーテにはもう一人の女友だちがいた。女流作家として名をはせていたラ・ロシュ伯爵《はくしゃく》夫人の娘マクシミリアーネである。ゲーテは美しく才能豊かな彼女との交際を楽しんでいたが、その彼女がフランクフルトの裕福《ゆうふく》な商人のブレンターノに後妻として嫁入りしてきた。喜んだゲーテはさっそくブレンターノ家を訪問するが、度重《たびかさ》なるうちに夫の不興《ふきょう》を買ってしまう。

こうした出来事が積み重なって、『若きヴェルターの悩み』執筆の機が熟《じゅく》していった。手紙の形をとったこの小説が書かれたのはヴェツラーを去って一年半ほど後の一七七四年二月のことであった。この小説には、ロッテに対する純粋で情熱的な愛情と並んで、偏狭《へんきょう》な身分秩序に凝り固まった社会の閉塞《へいそく》状況に対する、若者の鬱屈《うっくつ》した不満がぶちまけられている。ゲーテはわずか四週間でこの小説を書き上げ、匿名《とくめい》で出版した。その反《はん》響《きょう》はすさまじく、熱狂的なブームを全ヨーロッパに引き起こし、ゲーテの名を一躍《いちやく》全ヨーロッパに知らしめることになった。

## リリーとカール・アウグスト

『若きヴェルターの悩み』を書き上げ、出版した後は「総懺悔《そうざんげ》をすませたあとのように、私はふたたび快活で自由」（同全集一〇巻、一四一ページ）な気持ちになったゲーテに、「新しい恋と新しいいのち」が待っていた。一七七五年の初頭から始まったフランクフルトの銀行家の娘リリー・シェーネマンとの交際である。名望家同士、家柄の上からも釣《つ》り合《あ》いの取れた似合いのカップルとして、この交際は婚約にまで至った。一時期リリーの美貌《びぼう》と人柄にゲーテもほれ込んだのであったが、しかし彼は結婚に踏み切ることはできなかった。リリーから逃れるかのごとく長期間にわたってスイスへ旅行し、イタリア行きさえ企てるが、それでもやはり彼女のもとへ引き寄せられるように戻っていく。揺れ動いた末についにこの婚約は破棄されることになるが、やはりこの時もゲーテ抒情詩《じょじょうし》の不朽《ふきゅう》の名作が何編も紡《つむ》ぎ出されることになった。

この前後、ザクセン＝ヴァイマル＝アイゼナハ公国《こうこく》の若き君主カール・アウグストから招かれた。すでに前の年、パリへの旅行の途中でフランクフルトに立ち寄ったカール・アウグストが、随行《ずいこう》の少佐クネーベルの仲介でゲーテを訪ねて語り合い、ゲーテはマインツまで公の旅に同行していたのである。この時、両者の間に強く引き合うものがあった。再度の訪問でも招待の意向が示されたので、ゲーテはあくまでヴァイマルで一時的な滞在《たいざい》を果たしたら、念願のイタリア旅行に向かおうという考えで公爵《こうしゃく》の招待に応じた。しかし結果的にヴァイマルはゲーテにとって終生《しゅうせい》の地となる運命であった。

# ヴァイマルでの政務とイタリア旅行

## ヴァイマル公国

ゲーテがヴァイマルに到着したのは一七七五年十一月七日のことであった。当時ヴァイマルは人口六千ほどの町で、公国全体でも十万人を数えるほどであった。ブリュフォードという人の書いた『十八世紀のドイツ』という本には、一八〇三年の資料によるドイツ各国と主要都市の人口が掲載《けいさい》されている（三修社、一九七四年、三六二～三六六ページ）。同じザクセン系統の世俗諸侯《しょこう》国ゴータ＝アルテンブルクでさえ十六万を超え、その首都のゴータも一万一千の人口を数えている。ましてやハノーファーやブラウンシュヴァイク、エルフルトなどの諸都市は、それぞれ数万の人口を抱えていた。ヴァイマルがほかの諸都市と比べていかに小規模な町だったかがわかる。

若き領主のカール・アウグストはゲーテより八歳年下で、父が早く亡《な》くなったため、母のアンナ・アマーリアが摂政《せっしょう》として、息子が成人するまで公国の政務を取り仕切っていた。この母が文芸に対して特別の愛着を持っており、公子《こうし》の教育係にヴィーラントを招いたのも彼女であった。ヴァイマルが後にヨーロッパに知られる文化都市となった淵《えん》源《げん》は、実にこのアンナ・アマーリアにあった。

若き公爵《こうしゃく》とゲーテは予想通りウマが合った。ゲーテの快活《かいかつ》な人柄《ひとがら》にほれ込んだ公爵は、その引き止めにかかる。はじめは市中の仮住まいであったが、「庭の家」と呼ばれる公園の中の一軒家がゲーテに提供された。また法律に明るいゲーテは、政務にもうってつけで、（若き公爵は）早くも翌年には彼を内閣にあたる枢密院《すうみついん》付きの役職に任命し、年俸《ねんぽう》を与えた。一七七九年には枢密顧問官《こもんかん》に任命され、八二年には貴族に列せられて財政長官カルプの後任に就いた。わずか七年で公国筆頭《ひっとう》の地位に就いたのである。

ヴァイマル入りして以降十一年間、ゲーテは誠実に与えられた職務に従事し、公爵の期待に応えようとした。枢密顧問官として定例の出仕《しゅっし》が義務付けられたほか、城館の裏に広がるイルム川沿いの公園整備やイルメナウの廃坑《はいこう》の再興事業、産業の振興《しんこう》、プロイセンや近隣諸侯《しょこう》との外交交渉、軍隊好きの公爵の制御役《せいぎょやく》などを行った。また民衆の生活の改善のために紡績《ぼうせき》や編《あ》み物の学校を作り、農村の灌漑施設《かんがいしせつ》を整え、税《ぜい》の負担を軽減《けいげん》し、兵力を削減《さくげん》した。その一方では偏狭《へんきょう》な宮廷社会の中でさまざまな妨害《ぼうがい》にも出合う。その最大のものはフォン・フリッチュという高官による、ゲーテの枢密院入りへの反対工作であったが、この時、敢然《かんぜん》とゲーテを擁護《ようご》したのはアンナ・アマーリア公母であった。公母も公爵も市民階級出身の有能な人材が公国の発展の力になってくれることを信じ、旧習にとらわれがちな家臣《かしん》の反対を押し切ったのである。

　ゲーテは公爵の厚い信頼と友情を受け、そのお供《とも》を務めながら、青年の客気《かっき》に満ちた冒険にも付き合う。そうした日々の中ゲーテ自身は、感情の赴《おもむ》くままに、落ち着きなく、気まぐれな生活を送っていたフランクフルト時代から抜け出し、責任ある立場の上から、決められた秩序に従い慎重に物事に処《しょ》していく必要に迫られる。宮廷人《きゅうていじん》として必要なこうした素養を身に付けることを通じて、ゲーテは次第にシュトルム・ウント・ドラング的な気分を脱《だっ》していくことになる。

## シュタイン夫人

その際《さい》にゲーテに大いに感化を与えたのがゲーテより七歳年上のシャルロッテ・フォン・シュタイン夫人であった。すでにヴァイマル入りする以前から彼女の姿は影絵《シルエット》を通して知っていたと言われるが、到着後数日のうちに最初の出会いがあり、一月後にはすでにシュタイン家の領地の城に招待《しょうたい》されている。シュタイン夫人の夫は主馬《しゅめ》（乗馬や馬具をつかさどる役人）の頭《かしら》を務める宮廷の重要人物で、当時夫人との間にはすでに七人の子供が生まれ、そのうち三人が生き残っていた。ゲーテは夫人の落ち着いた人柄に姉のような親しみを感じる。それが情熱的な恋愛感情に高まるまで時間はかからなかったが、夫人のほうでは当然のことながら大いに戸惑《とまど》うことになる。しかし、いつものゲーテの流儀《りゅうぎ》で、この恋愛からも抒情詩《じょじょうし》が湧《わ》き出るように作られていく。後にそれらは『リダに寄せて』という呼称を付けてまとめられるが、「月に寄せて」「狩人《かりうど》の夕べの歌」「旅人の夜の歌」などをはじめとする名詩が数多く含まれている。

一方、青年期から持ち越していた『ファウスト』や『エグモント』などは、多忙《たぼう》な政務のあおりを受けてなかなか進捗《しんちょく》しなかった。心境の変化にともなってゲーテの作風にも変化が生まれる。青年時代の即興的な荒削《あらけず》りさが次第に影をひそめ、代わって時間をかけて十分に推敲《すいこう》され、形式も整った作品が書かれるようになる。『イフィゲーニエ』はそのような作品の代表格である。古代ギリシャの神話に取材したこの作品は、はじめ散文稿《さんぶんこう》で書かれ、韻文《いんぶん》に改作され、再び散文となり、最終的に韻文に落ち着いた。比較的小ぶりの作品だが、その完成は後のイタリア旅行まで持ち越しになった。ゲーテといえばその持続力が有名だが、このころからその傾向が始まるのである。

『若きヴェルターの悩み』に続く小説として『ヴィルヘルム・マイスターの演劇的使命』も書かれた。商家の跡継《あとつ》ぎでありながら演劇に魅了された主人公が、旅回《たびまわ》りの劇団と行動をともにしていく物語であるが、これも完成はこの世紀の終わりまで待たねばならなかった。このように抒情詩を除くと、この十一年間のゲーテの創作活動はおしなべて停《てい》滞《たい》気味であったとされる。それは未完成のまま残された作品が多いことからきているが、見方を変えれば政務に携《たずさ》わり、詩作の土台に社会生活上の経験が置かれることになったため、生活上も詩作上も大いなる拡大と発展の時期であったとも言える。

宮廷人の知己《ちき》もできたが、それと並んで新しく招かれてヴァイマルにやってくる人々もいた。ゲーテを新たな中心点として、ヴァイマルがその文化的吸引力を本格的に発揮《はっき》し始める。まずはヘルダーが教会の新教《しんきょう》宗務総監督として招聘《しょうへい》され、ヴァイマルの学芸の星座に加わる。女優のコロナ・シュレーターもいれば、後にはシラーもやってくることになる。

## 自然研究の開始

この時期のゲーテにとって重要な出来事の一つに、自然研究の開始がある。もともと自然はゲーテにとって大いなる帰一の対象であって、しばしば万物を養い育てる「母」のイメージでとらえられ、詩にうたわれていた。ヴァイマル入り以前に作られた「さすらいびと」や「湖上《こじょう》にて」などはその代表的なものである。一つにはカール・アウグス

ヴァイマルのゲーテハウス

ト公から贈られたイルム川沿いの公園にある「庭の家」という住まいを得て、植物の生態を観察する習慣ができたこと、またもう一つはイルメナウ鉱山《こうざん》の再開発のために地質学や鉱物学の研究を始めたことがそのきっかけとなった。一七八〇年代に入って本格化した自然研究への関心は、やがて動物学や解剖学《かいぼう》、気象学などに拡大されていくことになった。有名な人間の顎間骨《がくかんこつ》の発見は八四年のことである。

　このころ『断章《だんしょう》』と題する自然について述べた文章が発表され、匿名《とくめい》だったがゲーテの作と思われて読まれ、評判になった。実際はゲーテとの談話に基づいてトーブラーというスイス人が書いたものだったが、内容はゲーテの当時の考えを反映しているとされる。「自然は永遠に新しいもろもろの形態を創る。いまあるものは、かつてけっして存在しなかった。かつてあったものが再び来ることはない――すべては新しく、しかもつねに古いものである」（「科学方法論」木村直司訳、潮出版社版『ゲーテ全集』一四巻、三四ページ）といった自然の定義についてのリズミカルで情熱的な文が断章的に続いている。また「花崗岩《かこうがん》は古代においてもすでに不思議な岩石であり、現代ではいっそう不思議な岩石になっている」（「地質学」永野藤夫訳、同、一三九ページ）という出だしで始まる『花崗岩について』（八四年）は、鉱物《こうぶつ》観察を天地創造時の地球をめぐるヴィジョンと結びつけた文章で、ゲーテの自然研究の動機を知らせてくれる。

自然科学の研究にいそしむ傍《かたわ》ら、政務の上ではいくつもの役職を掛《か》け持ちして超人的な働きをする反面、「魔王《まおう》」や「神性」といった詩の傑作《けっさく》を書いていた。また『ヴィルヘルム・マイスターの演劇的使命』ではミニヨンや竪琴《たてごと》弾きの老人が登場する場面や、彼らがうたう詩も作られた。それらは特にシューベルトの作曲によって今でも世界中で愛唱されている傑作である。戯曲《ぎきょく》『エグモント』や『タッソー』も進捗《しんちょく》していた。

社会的にも、個人的にも、また詩人としても限りなく充実した生活を送っていた時代で、市中のフラウエンプラーンという場所にある広壮な邸宅に入ったのもこのころである。今日ヴァイマルのゲーテハウスとして一般に公開されているこの屋敷《やしき》は一七〇九年に建てられ、建築主の孫の代になって一部が借家に出されたものである。ゲーテは当初賃貸《ちんたい》契約で入居したが、十年後には公爵がゲーテのために買い上げてくれた。貴族に列せられて財政長官に就任し、広壮な新居にも移った八二年であるが、しかし一方では悲報も届いた。すでに最愛の妹コルネリアは不幸な結婚生活を送った末に、五年前難産《なんざん》のあげく死亡していたが、今度は父が七十二歳でこの世を去った。五月のことであった。

## イタリア旅行

啓蒙《けいもう》的君主のもとに体制内の改革を推進《すいしん》することによって、公国の財政を豊かにし、公国民の福祉《ふくし》に寄与したいとの念願は、次第に既得権益《きとくけんえき》の壁《かべ》に当たって挫折《ざせつ》を余儀《よぎ》なくされていく。詩作の上でも、短い作品や宮廷詩人としての儀礼的な作品は別として、手をつけられたまま未完成の作品が増えていく。シュタイン夫人に宛《あ》てた手紙には自分の状態が救いがたいものであることを訴えるものが見られるし、体調も思わしくなく、八五年からは湯治《とうじ》にも出かけている。

一七八六年になると最初の著作集《ちょさくしゅう》出版の計画が持ち上がった。未完成のまま放置された作品が多い上に、『若きヴェルターの悩《なや》み』など、完成された旧作も改稿《かいこう》の必要があった。しかし多忙な政務の傍《かたわ》らこれらの作業を進めるには時間が足りず、決められた計画通りの出版は難しい。著作集は八巻の予定で、前半の四巻は比較的順調に仕上がった。しかし残りの四巻を埋《う》めるはずの作品には未完成のものが多かった。こうして公国に入って十年余を過ぎ、ゲーテは詩人として人間としての再生を求め、イタリアへと旅立ったのである。

イタリアは父の若き日の思い出の地であり、ゲーテも父の存命中はイタリア行きを繰《く》り返し勧められていた。本人も二度計画して踏み切れなかったのだが、これがついに実現されることになったのである。現在のチェコ西部、ボヘミアにあるカールスバートという温泉保養地《ほようち》で三十七歳の誕生日を迎えたゲーテは、その数日後の一七八六年九月三日、一人の従者《じゅうしゃ》を連れただけで、誰にも行く先を告《つ》げずに旅立つ。さしあたりの目的地は水の都《みやこ》ヴェネツィアであったが、そこに着くまでは先へ先へと急いでいった。カールスバートから南下してバイエルン王国に入り、レーゲンスブルクを経てミュンヘンに至り、そこからアルプスへ向けてインスブルックを目指す。さらにブレンナー峠《とうげ》からアルプスを越《こ》える。途中ガルダ湖をめぐってちょっとした事件に巻き込まれた後、ヴェローナやヴィチェンツァでルネサンス時代の建築家パラーディオの作品を鑑賞《かんしょう》し、川くだりで東進してヴェネツィアに入った。

「運命の書の私のページにはこの日ヴェネツィアに第一歩を記すように書かれてあったのか」（趣意。同様の表現は『イタリア紀行』にもある。潮出版社版『ゲーテ全集』一一巻、五一ページ参照）と、感慨《かんがい》深く旅日《たび》記に述べている通り、この町は少年時代からの憧《あこが》れの地の一つであった。もう一つの主要目的地であるローマへ向けて、いわばわき目も振らずに旅を続けてきたゲーテであるが、ヴェネツィアだけはさすがに別格《べっかく》であった。九月二十八日到着し、ここで二週間の滞在《たいざい》をする。ヴェロネーゼなどのヴェネツィア派の絵画、パラーディオの残した建築作品、ゴルドーニらの芝居の見物、そして何よりもこの「ビーバーの町」の特異なたたずまいとゴンドラ乗りの歌などに興《きょう》じた後、再び旅の人となる。フェラーラ、ボローニャ、フィレンツェ、アッシジと足早に駆《か》け抜けたゲーテは、十月二十九日ついに念願のローマに到着する。

ローマの北の入り口であるポポロ広場に程《ほど》近いコルソ通り十八番地に、ゲーテが画家のティッシュバインと同居した家が今も残る。今日博物館《はくぶつかん》となって保存されているこの建物の窓からはコルソ通りを行きかう人波が見下ろせる。横町側を見下ろす窓辺にもたれかかるゲーテの後ろ姿をティッシュバインがスケッチしている。ゆったりとくつろいで雑踏《ざっとう》を見下ろすゲーテの後ろ姿には、宿願《しゅくがん》を果たした幸福感に浸《ひた》りきっている様子が鮮《あざ》やかに描き出されている。ティッシュバインはこのほかにもカンパーニャのゲーテと題する等身大の有名な肖像画《しょうぞうが》も描いている。古代の世界を暗示する背景を前に、悠然《ゆうぜん》とくつろぐマント姿のゲーテは、詩人の王者としての風格《ふうかく》に満ちている。

その一方でゲーテは芸術の研究と絵画の修業に、まるで一人の学生に戻ったように勤勉に取り組んだ。ミケランジェロやラファエロをはじめとするルネサンス時代の巨匠《きょしょう》の作品をはじめ、多くの芸術作品や古代の遺跡《いせき》を探訪《たんぼう》し研究した。その一方でそうした研究の様子やそこから得られる考察をせっせと書き留め、故郷《こきょう》のシュタイン夫人やヘルダー、そしてカール・アウグスト公に書き送った。しかし彼の本業である詩作のほうも着々と進められた。『イフィゲーニエ』の韻文《いんぶん》の決定稿《こう》が一七八七年一月に完成されてヘルダーに送られている。彼はゲーテの著作集の編集を任《まか》されていたのである。青年時代から書き続けてきた『エグモント』が完成したのは同年九月であった。さらにルネサンス期のイタリアの詩人を主人公とする『タッソー』もかなり進められ、帰国後の八九年の夏に完成を見る。『ファウスト』も完成させようと努力するが、これは結局うまくいかず『断片《だんぺん》ファウスト』として発表されることになった。またこのころ『ヴィルヘルム・マイスターの修業時代』の構想が膨《ふく》らんでいる。

一七八七年二月、ゲーテはいったんローマを離れてナポリへ向かう。三度ヴェスヴィオス火山に登り、ポンペイを訪れ、ベストゥムのギリシャ風の遺跡《いせき》に感嘆した後、彼は生涯初めての海の船旅に挑《いど》む。三月二十九日シチリア行きの帆船《はんせん》に乗り込んで、四日後パレルモに到着する。ここでゲーテは原植物の着想を強固なものにするが、一方では稀《き》代《たい》の詐欺師《さぎし》カリオストロの生家《せいか》を訪問したりしている。その後、島を半周してエトナ火山とその近くのタオルミナの遺跡を訪れ、メッシナに至り、二カ月弱のシチリアの旅を終えてナポリに向かう。五月十四日から六月三日までナポリにとどまり、六日にローマに戻った。

翌年の四月末までの十カ月余りがいわゆる「第二次ローマ滞在」である。先述のように、この間に、いくつかの作品が完成し、また進捗《しんちょく》を見たり、画家の修業も熱心に進められた。アンゲリーカ・カウフマンという女流画家がその手ほどき役であったが、最終的にゲーテは自らの才能がこの方面にはないことを自覚し、断念するに至る。長年の修練と愛着の末に下したこの決断がすでに四十歳を目前にしたこの時になされたことは、彼にとって造形芸術の鑑賞《かんしょう》者にとどまらず、その創造者たらんとすることがどんなに重い意味を持っていたかを示している。

この間八七年の十月には「美しいミラノ女性」と呼ばれるマッダレーナ・リッジーとの出会いがあって、かりそめのロマンスに発展するというエピソードがある。しかし帰国の機は熟《じゅく》しつつあった。この旅の目的はヴァイマルの宮廷社会で詩人としての存在が危機に陥《おちい》ったため、その再生を目指したものであったが、旺盛《おうせい》な創作活動が示す通り、その目的が達成された今、休暇《きゅうか》は終わろうとしていたのである。予算も尽《つ》きようとしていた。一七八八年四月二十三日にローマを発《た》った彼は、フィレンツェ、ミラノ、スイス経由で、六月十八日にヴァイマルに帰りついた。

ヴァイマルの国民劇場

# 大革命とヴァイマル古典主義

## クリスティアーネ

詩人としての再生を果たしたゲーテにとって、ヴァイマルの友人たちとこの体験を分かち合うことは、すでにイタリアにいる時からの楽しみであった。しかしよき理解者の公母アンナ・アマーリアは、ゲーテと入れ違いにイタリアへ旅立ち、ヘルダーもその随員《ずいいん》の一人としてヴァイマルを留守にしていた。シュタイン夫人は自分に無断でイタリアへ旅立ったゲーテを許《ゆる》そうとしなかった。もともとカール・アウグスト公の異例の引き立てによりヴァイマルにおいて宰相《さいしょう》の地位に登ったゲーテであったが、いわば自分からその地位にふさわしからぬ行為を犯《おか》したとあれば、ヴァイマルの貴族社会の風当《かぜあ》たりが強かったのは容易に想像できる。ゲーテは国政の枢要《すうよう》の地位からの引退を願い出、自分の活動の場を学芸と詩作に限ろうとした。公爵《こうしゃく》もこれを許し、イルメナウの鉱山管理と劇場監督がさしあたりゲーテの職掌《しょくしょう》範囲となった。

失意のゲーテの前に現れたのが当時二十二歳のクリスティアーネであった。後にゲーテ夫人となるこの女性もはじめはいわゆる内縁の妻であったし、二人の間に生まれたアウグストは長く私生児であった。しかしそうした世間的な立場はともあれ、ゲーテはクリスティアーネの中に家庭生活における最良の伴侶《はんりょ》を見出《みいだ》し、これを最大限に尊重する。クリスティアーネはゲーテに五人の子供をもたらすが、大人になるまで成長したのは長男のアウグストだけであった。二人の関係はやがてヴァイマルの人々に知られることとなる。シュタイン夫人は裏切られた思いに駆《か》られ、ゲーテを責めるが、もはや彼の心は完全にクリスティアーネに移っていた。多くの抒情詩《じょじょうし》の名作や『イフィゲーニエ』や

『タッソー』の創作の源ともなったシュタイン夫人との十年以上にわたる生産的な恋愛関係はここに終焉《しゅうえん》の時を迎《むか》えたのである。

## フランス革命の勃発

イタリアにおける詩人としての再生の体験と、その後に続いたクリスティアーネとの満ち足りた愛情生活、そして初めての子供の誕生など、幸福の中にあったゲーテに、不吉な未来を告《つ》げる出来事が伝わってくる。フランス革命の勃発《ぼっぱつ》である。イタリアからの帰還《きかん》からちょうど一年ほどたったころにあたる。すでに四年ほど前にフランス王妃《おうひ》マリー・アントワネットに関係する「首飾り事件」の報が伝わった時、ゲーテは旧体制の秩序が回復不可能なまでに蝕《むしば》まれていることを見て取り、不吉な混乱の予感に襲《おそ》われたことがあった。彼の狼狽《ろうばい》ぶりは、そばにいる人が驚くほどだったと伝えられているが、それに反して、この大革命の時にはあまり多くの直接的感想を残していない。わずかにフリッツ・ヤコービ宛《あ》ての翌年三月の手紙の中で「フランス革命が私にとっても革命であったことを、君はわかってくれるだろうね」（筆者訳）と述べているくらいである。

一七九〇年代はこうして波乱の幕開けとなった。ゲーテは愛する妻子と別れ、イタリア旅行から戻ってくるアンナ・アマーリア公母を迎えるため、ヴェネツィアへ向かう。予定よりも長く待たされた末に帰郷《ききょう》するや、続いてプロイセン軍の旗下《きか》に加わっていたアウグスト公の命で、シュレージエンに赴《おもむ》く。翌九二年は革命軍封じ込めのための対仏大同盟に参加するアウグスト公にしたがい、ゲーテも従軍《じゅうぐん》する。ゲーテにとっては初めての従軍体験であり、特に後半の退却時は辛酸《しんさん》を極めた。翌九三年にもライン川沿いの古都マインツを占拠していた革命政府に対する攻城戦に参加することになった。

未曾有《みぞう》の革命に対するゲーテの作品の上での反応は、『大コフタ』や『市民将軍』などの戯曲《ぎきょく》、短編集『ドイツ避難民談話集』、それに『ライネッケ狐』や『ヘルマンとドロテーア』の叙事詩《じょじし》などがあるが、多かれ少なかれ時事的な状況を反映したそれらの作品とは別に、人格の形成と社会との関係性を、より根源的な視点から描いた長編小説『ヴィルヘルム・マイスターの修業時代』が書かれる。この作品の前身は、上述した通り演劇小説としてすでにヴァイマル入り後の早い時期に始められたが、今日の形の三分の二ほどのところで中断されたままになっていた。イタリア旅行後に構想を新たにして再び筆が進められたが、それが完成に至ったのはシラーの督励《とくれい》があったおかげである。

## シラー

ゲーテとシラーという当代最高の二人の詩人による、文学史上まれに見る友情と共同作業も、始まるまでに七年にわたる不毛な疎遠《そえん》の時を経《へ》なければならなかった。二人の初めての出会いはゲーテより十歳年下のシラーの学生時代だが、一七八七年に彼が敬愛するゲーテを求めてヴァイマルにやってきた時はイタリア旅行中のために会えず、翌年にやっと実現した。しかしシラーの出世作の『群盗《ぐんとう》』をあまり高く評価しなかったゲーテは、作者と会っても心を開こうとしなかった。わずかに友人に頼まれてイェーナ大学の歴史学教授（無給で非正規であった）の職を斡旋《あっせん》したにすぎなかった。その二人が七年後の九四年になって深く知り合うようになる。それも原植物の構想をめぐる議論を通じて、お互いのまったく異なる素質に気づいたからであった。これはゲーテ側からの見方で、シラーははじめからゲーテとの交際を求めていたのであるから、ゲーテがやっとシラーの真価に目を開いたと言うほうが正しい。

シラーの雑誌『ホーレン』へのゲーテの寄稿《きこう》の形で始まった協力だが、次第に二人の関係は親密の度を加え、お互いがお互いの作品の最初の批評者となったり、場合によっては校正役《こうせい》を務《つと》めたりするようになる。また共同で風刺《ふうし》詩集『クセーニエン』を書いて文学者や思想家を攻撃したり、競い合うようにバラード（物語詩）の名作を作ったりした。さらにシラーはゲーテが監督を務める宮廷劇場の上演のために、自作のほかにも国内外の他人の作品を翻訳《ほんやく》したり上演用に改作したりして、レパートリーを整えるための協力を惜《お》しまなかった。

ゲーテの側は『ヴィルヘルム・マイスターの修業時代』に続いて、叙事詩の傑作《けっさく》『ヘルマンとドロテーア』を書いた。これらの作品はゲーテの「古典主義」時代の代表作とされる。古典古代、なかでも古代ギリシャの人間像と芸術を理想としながら、「普遍的人間性」を信頼し、その完全な展開を目標とする考え方で、『修業時代』はまさに人間性の発展そのものをテーマにした作品である。時期的には特にイタリア旅行からシラーとの共同作業を経て、シラーの死に至るまでのおよそ二十年間が古典主義の時代と考えられている。

しかしこの期間を通じてシラーがゲーテを最も励まし続けたのは『ファウスト』の執筆である。ほかの作品と比べ、この途方もない戯曲《ぎきょく》はさすがにゲーテの天才をもってしても遅々《ちち》として進捗《しんちょく》しなかった。シラーは督励《とくれい》を繰り返す一方、ほかの友人にはゲーテの「自然研究熱」による集中力の分散を嘆いているほどで、やきもきする思いが伝わってくる。彼のほうでは劇作への復帰を勧めるゲーテの言葉通り、『ヴァレンシュタイン』三部作を皮切りに、晩年の大作をほとんど年一本のペースで仕上げていった。

一八〇三年にはヘルダーが、そして一八〇五年にはシラーが亡《な》くなった。青春時代にゲーテの才能を開花させる触媒《しょくばい》のような存在であったヘルダーが去り、そして今や古典主義を担《にな》いたつ双璧《そうへき》の一人であるかけがえのない友が、この世を去ることになったのである。「私の存在の半分を失った」（ツェルター宛「書簡」二、筆者訳）とゲーテは語って、この友の死を悲しんだという。しかしシラーの督励が実を結び、翌一八〇六年についに『ファウスト』第一部が完成し、亡き友の宿願が満たされることになるのである。

# ナポレオンの時代

## ナポレオンの勝利

同じ年の十月、イェーナの会戦《かいせん》があって、プロイセン軍がナポレオン率《ひき》いるフランス軍に敗れた。主君のカール・アウグスト公はプロイセンに忠実な有力将軍だったので、戦勝国フランスがヴァイマルの町に乗り込んでくるや略奪《りゃくだつ》が始まった。ゲーテの屋敷《やしき》はフランス軍の元帥《げんすい》の宿舎になったが、二人のフランス兵がゲーテ本人の寝室に押し入ってきて銃剣《じゅうけん》で脅《おど》すという事件があった。クリスティアーネは必死にこの二人をなだめ、銀の燭台《しょくだい》を与えて帰したという。ゲーテは彼女の献身的《けんしんてき》な振る舞いに心を打たれ、その五日後に結婚式を挙げて彼女を正式な妻にしたのである。もう十七歳になっていた一子アウグストにも民法上の地位が保障されることになった。十二月プロイセンとフランスの間に和議《わぎ》が結ばれ、公国の存続が認められることになり、翌年カール・アウグスト公もヴァイマルに戻ってきた。

創作上の難産の子『ファウスト』は一八〇八年に出版された。しかしこの時もうゲーテは次の大作『親和力《しんわりょく》』を書いていた。幼いころから知っていたイェーナの製本業者の娘、ミンナ・ヘルツリープをゲーテはことのほか可愛《かわい》がっていたが、年ごろになった彼女に対し「正当以上に」愛情を感じるようになった。彼女をうたったと思われるソネット（十四行詩）が作られる一方で、『親和力』の女主人公オッティーリエも彼女がモデルとされている。恩人の夫を愛してしまい、そのために恩人の家庭を壊してしまっただけでなく、その夫を死に追いやってしまったことから贖罪《しょくざい》のために餓死《がし》するこの女主人公は、忍従《にんじゅう》的で物静かなミンナの面影《おもかげ》を文学的に記念したものとされる。

この年にはまたナポレオンとの対談も実現した。ロシア皇帝アレクサンドルI世との会見のためにエルフルトを訪れたナポレオンがゲーテとの会見も希望したのである。世に名高い「これこそ人間だ」の言葉はこの時に発せられたとされる。『若きヴェルターの悩み』はナポレオンの愛読書でエジプト遠征にまで携《たずさ》えて行ったことが伝えられているが、この時ナポレオンはそれを七回読んで徹底的に研究したことを語り、その上で作者本人に向かって構成の不自然さを指摘した。恋愛の情熱が昂《こう》じて自殺しただけでなく、宮廷社会で自尊心が傷つけられたこともその一因になったように書かれているのは、恋愛小説としての純粋さを損《そこ》なっているとの指摘であった。ゲーテはこれに対して、「単純で自然な方法によってはあげえないようなある種の効果を引きおこすために、容易に発見されないような技巧《ぎこう》を用いることも、おそらく詩人には許されてしかるべきでしょう」（『ナポレオン会見記』小岸昭訳、潮出版社版『ゲーテ全集』一三巻、四七ページ）と応じた。結末の真実性をより高めるための動機付けが必要であり、それを目立たないような形で織《お》り込んだが、こうした伏線《ふくせん》を張るのは詩人の特権であると応じたのである。「皇帝はそれに満足の面持《おももち》であった」（同）とゲーテは語っている。

四日後にはナポレオンがヴァイマルを訪れ、ゲーテと再会した。その時ナポレオンは彼をパリに招待《しょうたい》した。さらにもう一度ナポレオンはヴァイマルを訪れることになるが、それはロシア遠征の失敗の後、敗軍の将として立ち寄った時であった。面会には至らなかったが、ナポレオンはゲーテのもとに使いを出して挨拶《あいさつ》を送ったという。

## 母の死とベッティーナ

一八〇八年はこのように重要な出来事が相次いだ年であったが、その九月十三日、フランクフルトで余生《よせい》を送っていた母が死んだ。七十七歳であった。一時期世間から白い目で見られていたクリスティアーネを、息子を託《たく》すにふさわしい女性としてはじめから理解し受け入れた母であった。偉大な詩人の母であることを誇りにしていた母でもあった。ゲーテ以外の子供にはすべて先立たれ、夫もとうに亡くなってさびしい晩年《ばんねん》だった。

その母のところへ二年前にベッティーナという少女が訪ねてきたことがあった。ゲーテの若き日の女友だちの一人、マクシミリアーネの娘で、ロマン派の詩人クレメンス・ブレンターノの妹でもあり、後にその盟友のアルニムの妻となった人であった。この感激屋で夢想《むそう》家気質《かたぎ》のベッティーナはゲーテを熱烈に崇拝《すうはい》し、それが昂《こう》じて恋愛感情に高まるほどだった。彼女はゲーテの老母の話し相手になり、彼の幼い日々の様子を聞いた。

その後ヴァイマルを訪れて、ゲーテに会う。彼もはじめはこの才気煥発《かんぱつ》な少女を気に入るが、やがてそのあまりの情熱の激《はげ》しさと無遠慮なふるまいに辟易《へきえき》するようになり、彼女を遠ざける。とはいえベッティーナはゲーテとの間に交わした書簡集に基づいて、詩人の死後に『ゲーテとある子供の文通』を出版する。これもまた文豪の記念碑《きねんひ》となった。

## 『色彩論』の完成と自伝作品

一八一〇年、長年の苦心作『色彩論』がようやく完成を見る。「歴史編」と「論争編」、それに「図版」の三部からなるこの大著は、自然の根源現象としてゲーテがあらゆる事象の説明に用いる諸概念《がいねん》、すなわち「分離」「対立」、「混合」「合一」、「高進（継続的な上昇・進化）」「中和」、「伝達」「分解」などを用いて光と色彩の本質や機能を説明しようとしたものである。とりわけニュートン光学への反駁《はんばく》を目指した「論争編」は、そのまま数的計量により自然を説明する近代自然科学の方法論への反駁となっている。白色光が三原色の混合であることを否定するなど、物理学の基本的認識から見れば違和感を感ぜざるを得ないが、色彩を人間の目の器官と関連させてとらえようとする姿勢そのものの中には、主客対立を超越《ちょうえつ》せんとする志向性が働いている。

一八一〇年代から二〇年代、ゲーテの六十から七十歳代の仕事の大きなウエートを占めたのは、自己自身の生成発展の歴史をたどること、すなわち自伝的作品群である。

誕生と少年期から説き起こされ、ヴァイマル入りに至るまでの、いわゆる「若きゲーテ」の時代がまず書かれる。自伝文学の古典中の古典『詩と真実』である。続いて、彼の人生における最も幸福で輝かしい思い出をつづった『イタリア紀行』が第二部まで、完成。これもまた紀行文学の古典的名作となった。それほど幸福ではなかった時期についても書き残される。従軍《じゅうぐん》体験をつづった『滞仏陣中記《たいふつじんちゅうき》』と『マインツ攻囲《こうい》』がそれである。かつて三十代初めのゲーテは「ぼくの存在のピラミッド」（ヨハン・カスパル・ラーヴァター宛一七八〇年九月二十日付「書簡」小栗浩訳、潮出版社版『ゲーテ全集』一五巻、六五ページ）をより高く、より大きく築き上げようとの意欲に燃えていたが、その彼も今や老境《ろうきょう》にさしかかっていた。ゲーテは、自分自身の人生の生成発展の跡をたどることを通じて、「人間ゲーテ」という作品を書き上げようとしたのである。そこからこれらの自伝文学が単なる懐旧談《かいきゅうだん》や内幕《うちまく》明かしではない、ゲーテ自身をモデルとした壮大《そうだい》な教養小説のおもむきを持つに至っているのである。

この間も政治情勢はめまぐるしく転変していく。一八一二年ナポレオンのロシア遠征とその失敗があり、翌《よく》一三年にはライプツィヒ近郊で反ナポレオンの同盟軍が勝利を収めた。敗走してフランスへ逃げていくナポレオンを追って、プロイセンを中心とした連合軍は破竹《はちく》の進撃《しんげき》を続け、ついにパリに入城する。ヴァイマルのカール・アウグスト公も今や晴れてプロイセン傘下《さんか》の将軍に復帰して参戦することができた。

なおこの戦争では志願兵《しがんへい》が募られ、ゲーテの息子アウグストもほかの多くの青年たち同様これに応募する。ゲーテはしかしカール・アウグスト公に願い出て、息子を戦場に送らぬよう手配してもらう。その結果、彼一人だけがヴァイマルにとどまり続けることになった。アウグストは同輩《どうはい》たちの軽蔑《けいべつ》にさらされ、若くして評判を失墜《しっつい》させてしまう結果となった。

　ゲーテはこうした戦乱の最中でも学問と芸術にいそしんだ。中国の研究をし、マルコ・ポーロを読み、イタリア紀行の口述《こうじゅつ》を開始していた。「学問と芸術は世界に属するものであり、そのまえにあっては、民族性という限界は消滅《しょうめつ》してしまう」（ビーダーマン編、菊池栄一訳『ゲーテ対話録』第Ⅱ巻、白水社、二五六ページ）。これは反ナポレオンの雑誌を発行しようとしてゲーテに協力を依頼した人物に対して、ゲーテが語った言葉である。ドイツナショナリズムが沸騰《ふっとう》点に達していた時代に、ゲーテは極《きわ》めて冷静にコスモポリタンの立場を表明していたのである。

## 西東詩編以降

### 西東詩編

対ナポレオン戦争に勝って凱旋《がいせん》してきたプロイセン王のために、祝典劇『エピメニデスの目覚《めざ》め』を書く一方で、ゲーテの目はドイツはおろかヨーロッパをも超《こ》えて、はるか東洋にまで及んでいた。ここにまったく新しい詩境《しきょう》を開く詩集『西東詩編』が生まれた。『西東詩編』の成立にはいくつかのきっかけがある。その最大のものは十四世紀ペルシャの詩人ハーフィーズについての知見であった。ゲーテも以前からこの詩人について知ってはいたが、ハマーという外交官にしてオリエント学者が、一八一二年から一三年にかけて本格的なハーフィーズ詩集のドイツ語訳を出した。このことがこの詩人への関心をゲーテのうちに引き起こした。

時代背景も関係している。詩集のはじめには「遁走《とんそう》（ヘジラ）」と題する詩が置かれているが、そこに「北も西も南も裂《さ》ける、／王座は砕《くだ》け、国々は震《ふる》う、／逃れよ、きよらかな東方の／族長の気を味わうため、」（『西東詩集』生野幸吉訳、潮出版社版『ゲーテ全集』二巻、九一ページ）とある。ナポレオンに対する解放戦争がようやく一段落したが、しかし戦乱の気配が完全に去ったわけではない。そのような時代状況のもとで、ゲーテはペルシャの詩人にわが身をなぞらえ、いわば内面的なオリエント旅行を行ったのである。

現実のゲーテは一八一四年七月から十月にかけてライン・マイン旅行をし、ここで『西東詩編』に収められることになる多くの詩を作ったのだが、詩作の途中から詩人の愛情をかき立て、その霊感《れいかん》を大いに刺激《しげき》する人物が現れた。フランクフルトの銀行家ヴィレマーの養女で、後にその妻となったマリアンネである。ゲーテはさらに翌年夫妻のもとに滞在したが、マリアンネに対して激しく高まる愛情を覚える。しかし同時に古い友人の妻となった彼女とは結ばれないことも自覚せねばならなかった。

こうしてこの実らぬ恋から、『西東詩編』の頂点とも言うべき愛の詩集『ズライカの書』が生まれたのである。しかも驚くべきはマリアンネの詩才である。大詩人ゲーテと取り交《か》わした彼女の詩は、『西東詩編』に取り入れられるほどの出来ばえであった。二人の直接の出会いはこの年の九月末で終わることになるが、マリアンネは詩作においてゲーテと肩を並べることのできたただ一人の恋人として記憶されている。

「死して成れよ」の有名な一節を含む「至福の憧《あこが》れ」や、はるか極東の地からもたらされハイデルベルクの古城公園にあった銀杏《いちょう》の葉に、二にして不二の人の心を象徴的に読み込んだ「ギンゴ・ビロバ（裂《さ》け葉いちょう）」など、多くの名詩を含む『西東詩編』は、一八一九年に出版され、その質量ともに充実した内容でゲーテの詩業の頂点をなす詩集となった。

## 妻の死と息子の結婚

一八一六年、長年苦楽をともにしてきた妻クリスティアーネが病死する。翌年には二十六年間にわたってその振興《しんこう》に尽力《じんりょく》してきたヴァイマル宮廷劇場の監督を辞《や》めさせられることになった。これはかなり痛手であった。なぜなら今や大公に列せられていた主君カール・アウグストの指示によることだったからである。しかし悪いことばかりではなかった。この年には一人息子のアウグストが妻オッティーリエを娶《めと》ったのである。この結婚からは二人の男の子と一人の女の子が生まれた。長男のヴァルターと二男のヴォルフガングはともに六十代まで生きたが、孫娘のアルマは十七歳で死んだ。ただゲーテの存命中は三人とも健在だった。

自伝的作品や、『ヴィルヘルム・マイスターの遍歴《へんれき》時代』を断続的に書き続ける一方、自然科学研究には依然《いぜん》として情熱を燃やしている。気象学や地質学・鉱物学、それに形態学に基づく動・植物研究など多岐に及んだ。また雑誌『ライン・マイン地方の芸術と古代について』を刊行した。この雑誌は後に『芸術と古代について』と名前を改められ、ゲーテの死の年まで刊行された。

## マリエンバートの悲歌

一八二〇年からゲーテは、新しく開かれたボヘミアの湯治《とうじ》町マリエンバートを訪《おとず》れるようになる。翌年そこで十五年来の知己《ちき》のフォン・レーヴェッツォー家の客となり、当時十七歳であったこの一家の長女ウルリケが、ゲーテの心をとらえる。さらに翌二十二年にも招待を受けたゲーテは同地に赴き、六月から七月まで滞在した。ウルリケの面影は次第に深くゲーテの心に刻《きざ》まれていく。こうしてさらに翌二十三年に至って、それはもう七十四歳になろうとする老ゲーテの心中で激しい情熱の高まりとなり、彼女を妻に娶《めと》りたいと願うまでになった。

ゲーテが直接レーヴェッツォー家に話をしたわけではなかった。相談を受けたカール・アウグスト大公が仲介役を引き受けて、この申し出を行ったのである。大公の手前、ウルリケの母は即答を避け、考える時間をほしいと答えたが、ついにゲーテのもとに吉報が届くことはなかった。

この最後の悲恋《ひれん》からは、またしても抒情詩《じょじょうし》の傑作《けっさく》が紡《つむ》ぎ出された。「マリエンバートの悲歌」をはじめとする「情熱の三部曲」は詩聖の真情と、名人芸の技巧《ぎこう》とが極めて高度なレベルで渾然《こんぜん》一体となったたぐいまれな作品とされる。

## エッカーマン

一八二三年からゲーテの死の年まで、およそ十年間彼のもとにあって、はじめは助手、次に協力者、最後は友人となっていった一人の人物が、ゲーテ晩年の言動を克明《こくめい》に書き記した。ヨハン・ペーター・エッカーマンである。ゲーテの死後、彼はそれらをまとめて『ゲーテとの対話』として出版した。前年にゲーテの詩についての研究書をまとめたエッカーマンが、それについてゲーテ自身の推薦《すいせん》文を頼んだのがきっかけで、彼のもとを訪問することになったのは二三年の六月のことであった。

自分に対して少年のような純粋さで私淑《ししゅく》するこの無名の青年に、ゲーテは好感を覚え、いくつかの仕事を頼んだ。エッカーマンはその仕事ぶりでゲーテを満足させ、引き続きヴァイマルにとどまるように要請《ようせい》された。エッカーマンは自身詩人として世に出ることを夢見ていたのであったが、敬愛するゲーテのもとに親しくとどまるほうを選んだ。こうして彼は献身《けんしん》的にゲーテの最後の全集刊行のための協力者となり、その死後の出版にも編集者として指名されるほど厚い信頼を得るようになるのである。

エッカーマンのほかにも晩年のゲーテの言行を記録した人がいて、ヴァイマルの司法長官ミュラーや言語学者のリーマー、それにヴァイマル世子《せいし》の教育係でスイス人のソレなどだが、彼らの記録もエッカーマンのそれには質量ともに遠く及ばない。対話録の序文にはそうしたエッカーマンの今は亡きゲーテに寄せる変わらぬ私淑の念と誠実さがよく表れていて、読むものを感動させずにはおかない。

このエッカーマンが直接ゲーテの詩作について貢献《こうけん》をしたとすれば、その最大のものが『ファウスト』第二部の執筆を後押ししたことであろう。このことはゲーテ本人がエッカーマンに語っている。長く中断していたこの難物が再び取り上げられたのは一八二五年二月のことである。二六年にいったん「ヘーレナ悲劇」の部分を完成して翌年発表するが、その後、本格的に第二部全体の完成が目指されることになる。

## 世界文学

この当時ゲーテはしばしば「世界文学」について言及している。彼はイギリスやフランスの最新の文学事情にも旺盛《おうせい》な関心をよせていたし、ヨーロッパのみならず中近東やインド、さらに中国の文学にも翻訳《ほんやく》を通じて親しんだ。青年期にはドイツ国民文学の旗手《きしゅ》として登場したゲーテが、晩年に至って世界文学の最初の提唱者の一人となったことは興味深い。何世紀にもわたって分裂した領邦《りょうほう》国家であったドイツにナショナリズムが芽生《めば》え、「ドイツ国民」という意識が次第に強固なイデオロギーとなっていきつつあった時代であればこそ、コスモポリタニズム的な立脚点に基づいた「世界文学」構想の先見性は注目に値する。

## 最後の大作

### 親しい人との別れ

一八二七年一月、八十三歳になっていたシュタイン夫人が死んだ。五十年ほど前には情熱を捧《ささ》げておびただしい数の手紙を書き、たぐいまれな恋愛詩の傑作《けっさく》を生み出した相手であったが、イタリアからの帰還後は長く不和の時代が続き、その後、和解して晩年は穏やかな友情でつながっていた。

さらに翌年、同じく半世紀を超える主従関係を維持してきたカール・アウグスト大公が、ベルリンからの帰国途上に帰らぬ人となった。ゲーテはその葬儀《そうぎ》に参列することもなく、ヴァイマル近郊の大公との思い出深きドルンブルク城にこもった。紆余曲折《うよきょくせつ》はあったものの、ナポレオンをして最も御《ぎょ》しがたいプロイセンの臣下と言わしめた不羈奔《ふきほん》放《ぽう》の主君と、当代並ぶもののない大詩人とが、表向きは主従として、内面的には無二の友として生涯の大半を苦楽をともにした例もまた珍しいことであろう。ゲーテは長寿《ちょうじゅ》を全《まっと》うしたため、その反面必然的に多くの親しい人たちとの別離の悲しさを忍ばねばならなかったのである。

しかしその極《きわ》めつけは、五人もいた子供たちの中で唯一生き残った最愛の息子アウグストの死であった。彼は父と同じイタリア旅行を企て、そのあげくローマで病没《びょうぼつ》したのであった。一八三〇年のことである。四十歳の一人息子の死は子煩悩《こぼんのう》なゲーテにとって、およそ人の身に襲《おそ》いかかる最大の悲しみであったろう。さすがにこの衝撃《しょうげき》はゲーテを打ちのめした。気丈《きじょう》に振る舞ってはいたものの、すでに八十歳を超えていたゲーテは、心労のゆえか激しく喀血《かっけつ》し、床に伏せることになったのである。その彼をかろうじて支えたのはこのたびもまた詩作だった。悲しみから立ち直る間もなく、ゲーテは自らの残された余命《よめい》と時間を争うかのように詩作に向かったのである。

## 『遍歴時代』と『ファウスト』

ゲーテの最晩年に仕上げられた作品の主なものは、『詩と真実』第四部、『イタリア紀行・第二次ローマ滞在』『ヴィルヘルム・マイスターの遍歴時代《へんれきじだい》』『ファウスト』第二部である。

それらは長い人生の多くの意味深い経験をすべて総合し、そこから万人に通じる智《ち》慧《え》の言葉を紡《つむ》ぎ出してきたような作品群である。とりわけ『遍歴時代』と『ファウスト』にはその傾向が強い。

『遍歴時代』で主人公ヴィルヘルムは一子フェーリクスを「教育州」に託し、自らも外科医の術を習得して社会貢献を目指す。「塔の結社」の人々は理想社会の建設を目指して新大陸アメリカに移住する。こうした筋立《すじだ》ての枠組《わくぐ》みに大小八つの短編小説がはめ込まれ、さらに箴言録《しんげんろく》や詩が一見何の脈絡《みゃくらく》もなく挿入《そうにゅう》されている。そのため全体としてまとまりを欠いた印象を与えるが、全体には「諦念《ていねん》のひとびと」という副題が付いている。有限の存在である人間が、多くのものを断念する中で、一つのことに集中して技術を磨《みが》き、こうして獲得《かくとく》した技術を用いて、行為の世界における貢献をなしていく。

先に述べたように、一八二七年から本格的に完成を目指して執筆された『ファウスト』第二部は、この年に第五幕の「宮殿の大きな前庭」の場、つまり全編のクライマックスである主人公の死の場面が描かれた。次に第一幕の大部分、第二幕のはじめ、もう一度第一幕の残りの部分、続いて「古典的ワルプルギスの夜」を含む第二幕の大部分という順で書きすすめられ、すでに発表済みの第三幕のヘーレナ劇までが整えられた。残りは支配者悲劇の第五幕の残りと、ファウストを支配者にするための第四幕であった。作者八十一歳の一八三〇年にこの仕事が進められた。第五幕のフィレモンとバウキスをめぐる悲劇が最後に書かれて、『ファウスト』第二部が完結したのは、翌三一年七月のことであった。

エッカーマンに語った有名な言葉は、この文字通りの畢生《ひっせい》の大作との格闘に、ついに打ち勝った誇りと満足と感謝に満ちており、人間の到達し得る高みを我々に告げ知らせてくれる。

「私のこれから先の命は、むしろまったくの贈り物だといってもよいだろう。今後、まだなにか出来るかどうかということは、結局、もう問題ではないのだよ」（エッカーマン『ゲーテとの対話』山下肇訳、岩波文庫、中巻三〇六ページ）。

ゲーテは生前にこの作を発表しないようういったん封印《ふういん》したと言われる。しかし翌年の一月になって嫁《よめ》のオッティーリエに読み聞かせるために開封した。その際やはり手を加えずにはいられなかったという。しかし死のほぼ二か月前の一月二十四日に日記に記された次の一文は、ゲーテのあくなき創造力を物語っていて感動的である。

「ファウストの主要なモチーフをもっと大規模に仕上げてみたいという新たな興奮、完成を急ぐあまり扱いが簡潔《かんけつ》すぎた箇所」（筆者訳）。

## 詩人の最後

ゲーテは三月十五日にひいた風邪《かぜ》がもとで床に就《つ》いた。二十日には極度に悪化し、寝ていることさえ苦痛で肘掛椅子《ひじかけいす》に座《すわ》りながら悪寒《おかん》に震えたという。咳《せき》と痰《たん》をともなうカタル熱に苦しむ中、彼は椅子に座ったまま息を引き取った。三月二十二日午前十一時半のことだった。死亡告知にのった正式の病名は「神経性のカタル熱による肺水腫《はいすいしゅ》」となっている。臨終《りんじゅう》を看取《みと》ったクードレー建設長官の報告によると、「寝室の窓のよろい戸を開けておくれ、もっと光がはいるように」（筆者訳）というのが最後の言葉であった。そして最後の動作は、言葉に生きた詩人らしくWと思われる文字を中空に書くことだったという。

# 第二章　詩人の魂の出会い

若き日の池田大作　19歳のころ

# 「読書ノート」とゲーテ

## 「読書ノート」

雑誌『第三文明』の一九六四年三月号から八月号までの六回にわたり、池田大作の「読書ノート」が掲載された。副題に「入信前後（昭和二十一年～二十二年ころ）の雑記帳《ざっきちょう》から」とある。簡潔《かんけつ》な警句《けいく》類と並んで、古今の思想家、政治家、文学者などの著作の一節が抜《ぬ》き書《が》きされている。著者自身が別のところで明かしているところによれば、敗戦の年に十七歳であった池田青年は、一家の生計《せいけい》を支《ささ》えつつ夜学に通い、古本を購入して読書にいそしんだ。

私は主に文学書や哲学書を、夢中になって読んだ。感銘《かんめい》した文章に接すると、すぐさまザラ紙のノートに書き写した。（『完本 若き日の読書』一二ページ）

また別の箇所《かしょ》の記述には、この「読書ノート」は近隣《きんりん》の友人たちとともに作った読書サークルでの討議資料としても役立てられていたとある。ともあれ池田青年の豊かな読書経験にあって、そのはじまりの部分を垣間見《かいまみ》させてくれるのが、この「読書ノート」である。

## ゲーテの詩の抜き書き

『第三文明』（一九六四年七月号）で紹介されているのはノートの一部と考えられるが、ゲーテの作品からは次の抜き書きがある。

形づくれ！　芸術家よ！　語るな！
たゞ一つの息吹だにも汝の詩たれかし。

みずから勇敢に戦った者にして初めて
英雄を心からほめたゝえるだろう。
暑さ寒さに苦しんだものでなければ
人間の値打《ねうち》なんかわかりようがない。

最もよいこと
頭と胸の中が激しく動いていることより
結構なことがあろうか！
もはや愛しもせねば、迷いもせぬものは、
埋葬してもらうがよい。

われわれは結局何を目ざすべきか。
世の中を知り、それを軽蔑《けいべつ》しないことだ。

ズライカ
民も下べ《しも》も征服者も
みな常に告白する。
地上の子の最高の幸福は
人格だけであると。
（高橋健二訳「ゲーテ詩集」より）

これらのゲーテからの引用はいずれも詩の数行である。「形づくれ！…」の一節はゲーテの生前最後の著作集で、詩集の中の『芸術』と題した部の冒頭《ぼうとう》に掲《かか》げられたモットーで、格言詩《かくげんし》の一つである。晩年のゲーテはクセーニエンやエピグラムといった古代詩形から離れ、ルネサンス期のドイツに盛んであった素朴《そぼく》な形式を用いて好んで格言詩を書いた。それらは散文で書かれた『箴言《しんげん》と省察《しょうさつ》』と対照を成す韻文《いんぶん》での警句集である。その総数は九百編に上ると言われ、ここに引用されたものもその一つである。

「みずから勇敢に…」は『西東詩篇』中、『格言の書』の一節である。詩集自体は一八一四年にゲーテがペルシャの詩人ハーフィーズの作品を知って、生に対して肯定的《こうていてき》な、その意味で健康な詩世界に共感し、インスピレーションを得て作った連作詩集であり、全十三巻からなる。一八一九年に完成したが、この時代はナポレオンのヨーロッパでの覇権《はけん》が終わりを告げ、ウィーン復古体制が始まった時代に重なっている。ゲーテ自らも巻き込まれたフランス革命以来およそ四半世紀にわたる戦乱の時代がようやく終わり、再びめぐりきた平和の時代であった。

ナポレオンによるドイツの支配は、ドイツ民族の自覚と反抗心を呼び覚《さ》ます結果となり、そのナショナリズムはやがて国民国家建設を最終的な目標とするに至る。前章で述べたように、ゲーテは「フランス革命の友になりえ」（エッカーマン『ゲーテとの対話』山下肇訳、岩波文庫、下巻、四八ページ）ず、むしろヨーロッパに秩序と文化を回復したナポレオンを終生高く評価していた。そのナポレオンからの解放に熱狂したナショナリズムとは無縁であったが、同時に、ほかならぬこのドイツ民族主義勃興《ぼっこう》の時代に、ゲーテはまったく異文化のペルシャの詩世界に親しみ、やがて最晩年の「世界文学」の理念へと至る孤高《ここう》の道を歩み始めるのである。

## なぜ格言詩だったのか

格言という形式は人生の智慧《ちえ》や諸事万般にわたる教訓を簡潔《かんけつ》な詩形式で表現したものであるため、たとえ異郷《いきょう》の文学に由来するものであっても、その普遍的性格のゆえに土着性や個人性を離れて読者の共感を呼び、文学的な共有財産となりやすい。ゲーテもこの時期には翻訳《ほんやく》を通じてオリエントの格言を読み、そこからインスピレーションを得て彼自身の格言詩を書いた。なかにはそうした翻訳から半分を拝借《はいしゃく》し、半分は自作のものをつけたものまである。

二十歳前の池田青年がこうしたたぐいの格言詩を「読書ノート」に書き写《うつ》していたこ

とは興味深い。なかでも『西東詩編』の詩句は、ペルシャの詩境にドイツのゲーテの詩世界を重ねたもので、そうした複雑な背景のために理解がたやすいとは言えないものである。しかし池田青年の感受性は、そうした複層的《ふくそうてき》な詩世界に対して十分に開かれていたことがうかがえる。

しかしさらに重要な点は、そこに見られる志向性がいわば萌芽《ほうが》の形で後年の全面的な展開の予兆《よちょう》を示しているように思われる点である。一九四六（昭和二十一）年前後の時代は、まさに第二次世界大戦後の混乱のきわみにあった時代である。日本的ナショナリズムの猛威《もうい》が荒れ狂った十五年に及ぶ戦乱の時代が終わり、それに代わる価値観を人々が探《さが》し求めていた時代である。『西東詩編』当時のゲーテを取り巻く時代状況に類似したこの時代にあって、「国家」の枠《わく》を超えた、より広々とした境地を志向したこの詩集が、池田青年に感銘《かんめい》を与えた。とすればその志向性は、後年壮大なスケールで展開されることになる異文化間対話への志向性を原型の形で先取りしていると言える。

「最もよいこと」の詩と、「われわれは結局何を」の一節は、いずれも晩年の格言詩で、前者は「エピグラム風に」と題されて詩集に入れられ、後者は「温順なクセーニエン」と呼ばれる格言風詩集に含まれている。最後の「ズライカ」の詩は再び『西東詩編』からの引用で、同名の巻に見られる詩の前半部分である。

## ゲーテ詩集の編纂法

なお、この翻訳についていえば、あまたあるゲーテ詩集の翻訳の中で、池田青年が手にしたのは高橋健二訳である。ゲーテの詩集にはさまざまな編纂《へんさん》の形態があり、最もオーソドックスなのはゲーテの生前最後の全集でとられた分類を採用した詩集である。「最後の手による全集」と名付けられ、ゲーテの生前には、その三分の二にあたる四十巻が、死後に残りの二十巻が出版されたが、一般には「決定版全集」と呼ばれる。つまり作者自身の観点に基づいたテーマ別の編集になっているのであるが、その一方で年代ごとの大雑把《おおざっぱ》なまとまりはあっても、厳密《げんみつ》に時代順になってはいない。死後の全集ではヴァイマル版やアルテミス版と呼ばれる全集がこの形を踏襲《とうしゅう》している。

一方では成立事情ごとに極力年代順に編纂したものもある。この場合ゲーテ自身の最後の分類は採用されない。代表的なのはハンブルク版やミュンヘン版など比較的近年の諸版である。この「読書ノート」に引用された高橋健二訳『ゲーテ詩集』は、後者の年代順の編成を取っており、訳者の言によれば、これはインゼル版と呼ばれる年代順配列の詩集にならったものである。

## 人格形成の理想

高橋訳の配列の中で、池田青年が引用した詩はすべて「西東詩編以降」、すなわち一八一四年からゲーテの死の年に至る晩年の十九年間の部分からのものである。池田青年の強い共感を呼んだのが、青年時代や壮年時代のゲーテの詩ではなく、むしろ晩年の詩であったことは、もう一つの注目すべき事実である。価値観の転倒した終戦直後の世相の中にあって、健康ではない体で一家の生計を背負《せお》って働きつつ、一方では向学の志やみがたく夜学に通い、なけなしの小遣《こづか》いで書物を求め読んだのがこの時代の池田青年であった。その姿を思う時、読書という行為が彼にとって人生の意義を求める真剣な作業であったことは容易に想像できる。そうした探究心が探り当てた先人の知恵の結晶が、この「読書ノート」の抜き書きであった。

貧しい中にも人格の練磨《れんま》を求めてやまない池田青年に、老ゲーテの「地上の子の最高の幸福は／人格だけである」との言葉が感銘を与えたこと。昼も夜も多忙な中、旺盛《おうせい》な知識欲を燃やし続けていた名もなき若者に、「頭と胸の中が激しく動いていることより／結構なことがあろうか」という一節が心に響いたこと。そして終戦直後の人心荒れ果てた世相に流されることなく、真摯《しんし》に誠実に苦闘の中に身をおいていた一人の夜学生に「暑さ寒さに苦しんだものでなければ／人間の値打なんかわかりようがない」の一句が共感を生んだこと。そうした事実を「読書ノート」は雄弁に物語っている。

このように池田青年のゲーテ受容は、その若き苦闘《くとう》時代の終戦直後の時代にさかのぼり、それも格言詩を書き写すところから始まっている。ゲーテは自分の詩作品はすべて自身の体験に根ざしたものであると語っているが、読み手の池田青年も苦闘時代のただ中でゲーテの詩に出会い、それを自らの体験としていった。

　このことはゲーテに限らない。若き池田青年における読書は、人間の存在の意義をもとめる探求であり、読書のための読書ではなく、それを通じて「人格」を形成すること、すなわち「生きる」ことそのものであった。こうした読書の在り方は、後年になって人物論関係の著作をまとめる際にも一貫して引き継《つ》がれ、発展させられることになる。ゲーテ論もまたそうした発展過程をたどるのである。

## 『私の人物観』のゲーテ論

### 「不滅の巨峰ゲーテ」

ある程度まとまった形で、次にゲーテについての記述がなされたのは、一九七八（昭和五十三）年刊の『私の人物観』において「不滅《ふめつ》の巨峰ゲーテ」の項が執筆された時であった。

この著作においては、プラトンやデカルトといった哲学者、アショカ大王やリンカーンといった政治家、あるいはベートーベンやダ・ヴィンチといった芸術家と並んで、六人の文学者が取り上げられている。トルストイ、ユゴー、タゴール、ゲーテ、魯迅《ろじん》、ホイットマンである。この著作は一面では青年期からの豊富な読書体験に基づき、おもだった人物について素描《そびょう》的な総括《そうかつ》を加えて編纂《へんさん》したものであり、その意味ではそれまでの幅広い知識を集約して一つの結節点を作った書物であると言える。しかしまた他方では、文学や人物論をテーマとするその後の著作群の劈頭《へきとう》を飾《かざ》る作品とも言える。

この書の前書きにおいて著者は述べている。

それらの著名人の生き方を通して、有名無名を問わず流れ通っている、人間性の〝根〟の部分に触《ふ》れたかった。志したところは、「偉人論」というより「人間論」にあったのである（第三文明社レグルス文庫版『私の人物観』、四〜五ページ）。

すなわち取り上げられた歴史上の著名な人物がどういう分野で業績を残した人であれ、著者の考察の重点はその業績ではなく、それらを生み出した人物像のほうに置かれている。

文学者の場合、作品を無視して作家を論じるわけにはいかないが、その場合でも深く作品論に立ち入ることは避《さ》けられている。

ゲーテの項は、ダンテの『神曲』と『ファウスト』の比較から始まる。前者は秩序（コスモス）を描き、後者はカオスを描く。前者は「信仰の軌道という確かなる至福《しふく》への道」

を示し、後者は「錯綜《さくそう》を極める懐疑」（『池田大作全集』第二一巻、聖教新聞社、八五ページ）を示す。そのカオスは曙光《しょこう》をはらんだものであり、「人間」の時代の到来《とうらい》を予感させる。巨視的《きょしてき》なパースペクティヴの上から、ルネサンス、ゲーテ時代、そして著者の現代が配置され、関係付けられる。

こうしてゲーテ考察の、いわばカンヴァスの下地塗りを終えた後、シュトルム・ウント・ドラングから始めてゲーテの生涯の概略《がいりゃく》がたどられ、ヴァレリーの言を援用《えんよう》しつつ、その長寿、しかも創造的長寿が大成の鍵《かぎ》であったと論じられる。

恋に、創作に、そして演劇活動にと、彼は生きて生きて生き抜いた。停滞も怯懦《きょうだ》もなく、そこには「生涯青春」の気概が貫かれている。ゲーテがあのような大をなした秘密を解く鍵も、そこに潜んでいるように思えてならない（『池田大作全集』第二一巻、九二ページ）。

## 汎神論的自然観と「依正不二」

この後ゲーテの人物論に焦点が移り、ゲーテの性格の中からとりわけ著者が関心を寄せる三つの点、すなわち「持続力」「直観力」「創造力」が論じられるが、なかでもとりわけ二点目の直観力について、仏法に基づく独自の視点が表れている。

第二に彼は、非凡な直観力の持ち主でもあった。（中略）芸術的分野はいうにおよばず、とくに注目したいのはその自然観である。彼が『色彩論』等で、ニュートンに代表される近代科学の動向に執拗《しつよう》な警告を発しつづけたことはよく知られる。主客対立を骨格とする近代科学の方法論が、なによりも自然から「生命」を奪ってしまう危険性を、仏法で説く「依正不二論」にも通ずる眼をもって批判しつづけた（同、九二～九三ページ）。

ここに述べられた「依正不二論」とは主体（正報《しょうほう》）と環境（依報《えほう》）の相互依存性《そうごいぞんせい》を規定

した仏教上の概念《がいねん》である。ゲーテの自然に対する立場取りが融合的《ゆうごうてき》、統一的で、主体と客体の分離を超越した境地において成立していることは大きな特徴であり、この点に着目したわが国の作家や哲学者も数多い。その際にさらに仏教的な自然観との対比の上から、そこに類縁性《るいえんせい》を指摘しようとした論考もある。

十七世紀オランダの哲学者スピノザは、神によって創造された自然の万物そのものが神と同一であると考えたが、汎神論《はんしんろん》的世界観と呼ばれるこうした思想はゲーテに大きな影響を与えた。それは青年時代のシュトルム・ウント・ドラング期のみならず、晩年の「個と万象」や「遺言」、「パラバーゼ」や「エピレマ」などに代表される世界観詩に至るまで、生涯を通じてさまざまな作品に反映している。青年期の抒情詩《じょじょうし》の中では、「ガニュメート」や「五月の歌」がその例であり、小説『若きヴェルターの悩み』の冒頭《ぼうとう》近くの手紙にもそうした考え方が述べられている。

草の茎のあいだにうごめいている小さい動物、虫や蚊など、無数のえたいの知れない生き物のむらがりを身近に感じる。そこでぼくは、われわれを自分の姿に似せて創った全能の神の存在を感じる。永遠の歓喜のうちにわれわれをただよわせながら支えてくださる神の愛の息吹きを感じる。そうすると、あたりのものがかすんできて、ぼくのまわりの世界と空全体が、恋人の姿のようになって心のなかにまとまる（『若きヴェルターの悩み』神品芳夫訳、潮出版社版『ゲーテ全集』六巻、八〜九ページ）。

青年時代のこうした祝祭的かつ陶酔《とうすい》的な一体感は、やがてより観照《かんしょう》的で静寂《せいじゃく》な一体感へと変化していく。その頂点を成すのが三十二歳の時に作られた「旅びとの夜の歌」である。同名の詩は二編あって、どちらも名詩として知られている。ここではその二つ目のもので、一七八一年秋にキッケルハーンという山の猟番小屋《りょうばんごや》の壁に書き付けられた。八行の自由韻律《いんりつ》の押韻《おういん》詩で、即興《そっきょう》的に作られた「機会詩《きかいし》」と呼ばれるものの一つでありながら、極限《きょくげん》まで切りつめられた言語表現の中に、外的宇宙の全体から詩人の主体の内面にまでわたる完全な世界像が余すところなく盛り込まれている。

山々は
静かに暮れて
木末《こぬれ》には
風もそよがず
夕鳥の声
木立に絶えぬ
待てしばし
汝《なれ》もまた憩わん

（「小曲集」山口四郎訳、潮出版社版『ゲーテ全集』一巻、五七ページ）

「五月の歌」にうたわれた、朝まだきの万物が目覚め躍動《やくどう》し、やがて自然界全体が愛の祝祭に包まれ、詩人もそこに恍惚《こうこつ》として参入していくという青年期の主客合一《しゅかくごういつ》の境地とはまったく対照的に、ここでは夕闇《ゆうやみ》迫る中に、静寂《せいじゃく》と落ち着きの中へ万象《ばんしょう》一切がその現象としての存在を滅するような形で一体となっていく。

こうした境地はとりわけ仏教への類縁性《るいえんせい》を感じさせる。たとえば哲学者の西田幾多郎《にしだきたろう》は友人九鬼周造《くきしゅうぞう》の墓碑銘《ぼひめい》にこの詩の自作の訳を彫らせたという逸話《いつわ》も残っている。西田の場合には、禅との類縁性から無我の境地や空の世界像をそこに見出《みいだ》したものと思われる。

これに対し『私の人物観』で述べられる「依正不二論」の場合は主体と客体の間の作用と反作用に基づく相互の影響関係の上に成立する一体感を意味していると考えられる。つまり同じ主体と自然の合一の境地を言い表すにしても、より動的で実践的な概念である。ここに著者のゲーテ解釈の大きな特徴がある。それはまたゲーテに限らず、文学を「生きる」という著者の読みの姿勢の特徴に呼応《こおう》するものでもあると言える。読書を通じて獲得《かくとく》した理念が、常に実践的見地からとらえ直され、その結果として血肉化されていくからである。「依正不二論」も彼にあっては理念的原理ではなく、実践的原理なのである。

ともあれゲーテの自然観と仏教的概念との類縁性への関心は、その後に展開されるゲーテ論の中心的テーマの一つを形作っていくことになる。

# 『私の人間学』における『ファウスト』論

## 実践の書としての『ファウスト』

一九八八年（昭和六十三）年に刊行された二巻にわたる『私の人間学』（池田大作著）、その上巻にゲーテの『ファウスト』が取り上げられている。

国内外を問わず、また現在・過去を問わず、さまざまな人物のエピソードを通して実践的な人間観が随想《ずいそう》的につづられていくが、上巻の後半に至って四編の文学作品が取り上げられる。ここには日本や中国の古典、トルストイの『戦争と平和』と並んで『ファウスト』も選ばれている。

ここではじめに六十年以上にわたる『ファウスト』の成立過程が取り上げられる。それは青年時代という沸騰《ふっとう》するような情熱の「原点」を、生涯にわたって深め続け、展開し続け、ついに大樹《たいじゅ》と育て上げた歴史であったとする。こうして「原点」のテーマで始まったファウスト論は、「対話」「無知の知」「男性原理」「女性原理」「ロゴスと行為」「演説」「自我拡大の活動」と次々に主題を変え、著者の豊富な実践的体験を盛《も》り込みつつ進められていく。

そこには古典を古典として読むのではなく、文中にあるように「古典に取り組むということは、知識の増大よりも何よりも、それによって新しい自分になることなのだ」という姿勢が一貫して貫かれている。こうした読みを通じて、ゲーテの『ファウスト』を過去の遺物《いぶつ》ではなく、ほかならぬ「今・ここ」にいのちを得てよみがえる実践の書たらしめようとするのである。

なかでも彼のファウスト理解を特徴付けているのは、一つには聖書翻訳の場面を論じた箇所《かしょ》、もう一つは発端となる悪魔メフィストとの契約の場面と終幕のファウスト臨終の場面とを総合して論じた箇所である。

## 「言葉」から「行為」へ

第一部の「書斎」の場で、ファウストは新約聖書のヨハネ伝福音書《ふくいんしょ》の冒頭《ぼうとう》の一句「はじめにロゴスありき」の「ロゴス」をドイツ語に訳そうとする。ルターの訳で「言葉」となっていることが不満で、訳し変えていくのである。「あらゆるものを創り出し。あらゆるものを生動させるもの」とは何かという問いに答えるべきドイツ語の言葉を探していく。その答えは言葉の内実、あるいは言葉を生み出す精神としての「意味」を経て、事物を造り、動かし、変化させていく「力」へと移り、ついにその力を行使する主体的な「行為」へと帰結《きけつ》していく。

ゲーテ自身がそうであったように、ファウストが学究の道を捨てて「実践のひと」として旅立つこととの内的な動機付けが与えられているのは当然として、著者はさらにギリシャやユダヤの精神的伝統を象徴するものとしての「ロゴス」を考える。永遠不変の超《ちょう》越《えつ》的実在＝ロゴスの定位《ていい》と、その根源性が西洋的思考の特徴であるとする。一方、宇宙生成の次元における「行為」という表現を、著者はさらに広く「動き」としてとらえ、そこに流動的宇宙論を見ている。さらに「言葉」による固定化への警戒《けいかい》感、または言語への不信感も東洋の思想的伝統に特徴的なものとしてとらえる。こうして著者にとってゲーテの訳し変えの操作は、二重の意味で文明比較的な意義を持つものとなっているのである。

## ファウスト的自我と大乗仏教

さらに契約が結ばれる「書斎」の場での、有名なファウストの「巨人的自我」の表明の場面を、著者は仏教思想家の立場から「宇宙即我」「我即宇宙」の仏教的生命観と共通のものを持っていると考える。

おれは人類全体にあたえられたすべてのものを、
内部の自己で味わいつくすのだ。
おれはおれの精神で、もっとも高いものと、もっとも深いものをつかむ。

おれはおれの胸のなかに、あらゆる幸福とあらゆる悲嘆をつみかさねる。
そして、おれの自我を人類の自我にまで押しひろげ
ついには人類そのものといっしょに滅びてみよう。
（大山定一訳、人文書院版『ゲーテ全集』２巻、五四～五五ページ）

さらにファウストの「自我の拡大」を、私的な領域から公共の領域での活動へ、つまり小世界から大世界への舞台の拡大としてとらえ、その帰結として、これも有名な臨《りん》終《じゅう》のファウストの台詞《せりふ》と結び付ける。

人間叡知《えいち》の最後の言葉は、こうだ――
「自由と生命をかちえんとするものは、日々、新しく、
これを戦いとらねばならぬ」
だから、ここでは、子どもも大人も年よりも、

それぞれ危険とたたかって、すこやかな年月を送るのだ。
おれはそのような人間の、みごとな共同社会をながめながら、
自由の民と自由な土地に住みたい。

（同、三四五ページ）

「人類とともに滅びる」ことも辞《じ》さなかったシュトルム・ウント・ドラングの巨人主義的ファウストは、長い年月の末に人類の幸福のために共同社会の建設に携《たずさ》わるファウストへと至る。そのためには最後の試練として、支配者としての権力の濫用《らんよう》の悲劇、さらには権力の喪失《そうしつ》への憂愁《ゆうしゅう》などを乗り越えなければならなかった。その上で到達《とうたつ》したこの境地《きょうち》の意味を、「ファウストが到達した境涯《きょうがい》は、権力意志の貫徹《かんてつ》ではなくて、〝人間の幸福は、他者のために働いていくなかにのみある〟というものであった」と結論付け、さらにそれは「大乗仏教の菩薩行《ぼさつぎょう》、あるいは自行化他《じぎょうけた》の精神にも通じていく」（『池田大作全集』第一一九巻、二六三ページ）としている。

聖書翻訳《ほんやく》をめぐる著者の思考のプロセスは、東洋的なものと西洋的なものの比較を通じて行われたのに対し、「ファウスト的自我」についてはそうした比較によらず、仏法を実践する立場から直接その本質的意義を指摘《してき》している。

いずれにしても『私の人間学』における著者の『ファウスト』論は、仏教思想に精通《せいつう》するだけでなく、広範な大衆運動の指導者として実践的に人間を知りつくした読み手が、そこに盛り込まれた思想の本質を読み解くだけでなく、そこから現代的な意義を掬《すく》い上げようとする試みであると位置付けることができよう。

こうした『ファウスト』理解は、一人の歴史的人物との対話編の中で改めて論じられることになる。それはゴルバチョフとの『二十世紀の精神の教訓』と題された対談集であり、その上巻の末尾近く「宗教的なもの」をめぐっての対話の部分である。『ファウスト』の聖書翻訳の場面について、『私の人間学』と同趣旨《しゅし》の発言が行われた後、さらにインドのマハトマ・ガンジーの「史上の神を説かず、今日《こんにち》生きている人間を通して神を示すがよい」(K・クリパラーニー編『《ガンジー語録》抵抗するな・屈服するな』古賀勝郎訳、朝日新聞社）との言葉が引かれ、西洋のロゴス中心主義に対置し得る東洋の「行為」「実践」を重視する立場が説明されている（『池田大作全集』第一〇五巻、二六八〜二六九ページ）。

# 『続 若き日の読書』における『ヴェルター』論

## 「青春の混沌《カオス》を超えて」

『ファウスト』がゲーテの「原点」と「到達点」を総合しているとすれば、もう一つの代表作『若きヴェルターの悩み』はその「原点」であり「出発点」そのものであると言っていいだろう。二十五歳のゲーテが、その天才的に沸騰《ふっとう》する青春の内面世界を、激《はげ》しく美しく表現した作品である。その特徴をとらえ、『続 若き日の読書』で自らのヴェルター論に「青春の混沌《カオス》をこえて」という題を添えている。

正編の『若き日の読書』は一九七八（昭和五十三）年に発表された。終戦直後から付けられていた前述の「読書ノート」に基づき、文学作品を中心に論じた小編を集めたものであった。ドイツ文学からはヘルダーリンの『ヒュペリオーン』が取り上げられ、自らの青春時代の純粋な情感をいとおしむような美しい一章が、この愛と友情と革命の書に捧《ささ》げられている。

続編のほうは十五年後の一九九三年に初版が刊行された。ドイツ文学からはゲーテの『若きヴェルターの悩《なや》み』が一作だけ取り上げられている（なお主人公の名前の表記はかつては「ウェルテル」が普通だったので、著者もこれを採用している）。

著者自身が再統一直後のドイツを訪問したいきさつが紹介され、「分断」から「調和」の時代への転換《てんかん》の成否は、「心の分断」の克服によるとの見解が示される。そこから『ヴェルター』論を説き起こしている。著者は現代世界とゲーテの生きた時代をつなぐ作業を、「調和」の精神を基軸《きじく》に展開している。

シュトルム・ウント・ドラングと『若きヴェルターの悩み』成立のいきさつ、さらに全編のあらすじと進んだ叙述《じょじゅつ》は、さらに発表後の反響にうつり、「自殺」の問題に至る。ゲーテ自身、自伝の『詩と真実』の中で、この問題をめぐってかなり詳《くわ》しい考察を加えているが、著者はその一部を引きながら、ゲーテの本質は人生に対して肯定的な自己完成への努力にあるとして、以下のように述べる。

ゲーテは「現実」を「詩」へと昇華《しょうか》させることで、自分の悩みを発条《ばね》とし、創造の人生を強く生ききった。人間を束縛《そくばく》する古き鎖《くさり》を断ち切り見下ろしながら、「人間」であることを謳歌《おうか》していったのである（『完本　若き日の読書』三二一〜三二二ページ）。

## 「人間」を基盤に「世界市民」へ

著者の視点《してん》はさらにゲーテの生涯全体とその時代背景に向けられる。第一章で述べたように、それは七年戦争に始まり、フランス大革命を経て、ナポレオンの登場から没落までをまるごと包含《ほうがん》する時代、その意味では世界史的な大事件が引き続いた時代であった。彼はこうした時代においてゲーテが早くも「世界市民」の立場に立ったことに注目する。人種や民族といった個別的な差異を超えて「人間」という普遍的に共通の基盤に立つところから「世界市民」の発想は生まれる。

激動の時代を目《ま》のあたりにした文豪《ぶんごう》が、心から待望したもの——それは、民族的な先入見や偏見《へんけん》を乗り越えた「人間」の登場であった（同、三二六ページ）。

ここに見られる池田思想の「人間」を基盤とした「世界市民」という考え方は、ゲーテ論に際してだけでなく、「平和提言」や世界各地の大学での講演をはじめとして、その思想と著作を貫く一本の柱ともなっている。

## 『世界の文学を語る』におけるゲーテ論

### ゲーテ論の集大成

『世界の文学を語る』と題して、二〇〇〇年五月号から翌年の四月号にかけて雑誌『潮』に池田対談が掲載された。それは二〇〇一年十一月に単行本にまとめられて出版されたが、その四分の一がゲーテにあてられている。「不滅の巨峰　ゲーテの詩と真実」と題されたこの対話録は、池田思想に見るゲーテ論の集大成の観を呈していて、話題も多岐《たき》にわたっている。おおまかに分ければ、はじめに青年時代のゲーテと『若きヴェルターの悩み』、次にイタリア旅行からフランス革命時代のゲーテと『ヴィルヘルム・マイスター』、最後に『ファウスト』をめぐる部分から成り立っている。考察の中心をなすのは主としてゲーテ自身の生涯、思想、行為であり、その意味では人物論が主体である。しかし上記の三作品を中心にして、作品に関する言及も多い。

『私の人物観』に「不滅の巨峰ゲーテ」と題された一文が収められてから四半世紀を隔《へだ》ててほぼ同様の表題を冠《かん》されたこの対談は、池田思想に見るゲーテ観の一貫性《いっかんせい》と同時に、関心の拡大をも反映している。

関心の一貫性を示す例としては、まず冒頭部分の次のような発言が挙げられよう。ここでも第一にゲーテの人物像、つまり「人間」ゲーテに注目が注がれていることが見て取れる。そしてそれにとどまらず、ゲーテ自身が「人間」を意識的に考察の中心にすえ、その理想の在り方を求め、それを作品中の人物を通して芸術的に創造していった点にも向けられている。

〈池田〉「人類の真《しん》の研究課題は人間である」（トーマス・マン著、山崎章甫訳『ゲーテを語る』、岩波文庫）とは、ゲーテの有名な言葉です。彼は、徹《てっ》して「人間」を見つめ、高らかに「人間」を称《たた》え、大いに「人間」を創造《そうぞう》した。そこに不滅《ふめつ》の光があると思う（『世界の文学を語る』潮出版社、二二四ページ）。

また先述の『私の人物観』や『私の人間学』に見られた、ゲーテの思考法における「東洋的発想」や「調和と生命性」を機軸《きじく》とする自然観への関心は、ここでも一貫している。

〈池田〉じつは、ゲーテの智慧《ちえ》は、きわめて東洋の発想《はっそう》に近い。ゆえに、東洋と西洋の思想交流のために、なかんずく大乗仏教の理念《りねん》を西洋の人々に正確に伝えるために、ゲーテはその架橋《かきょう》の存在《そんざい》になりうると、私は考えてきたのです（同、二二五ページ）。

〈池田〉近代科学の自然に対するアプローチが、細分化《さいぶんか》、部分化されて「生きた全体」「生命の調和《ちょうわ》」を見失っていく趨勢《すうせい》に、ゲーテは早くから警鐘《けいしょう》を鳴らしていた（同、二二七ページ）。

## 多様性と普遍性の調和

こうした観点をさらに広げ、進化する形で、この対談ではゲーテの中に見られる普遍《ふへん》的な「人間性」への信頼を、現実的な社会や政治の領域で具現化《ぐげんか》する際の困難を考える。つまりそれは必然的に人種・階級・民族・文化などの現実的差異と対立することになる。単に仏教指導者であるだけでなく、国際的なレベルで社会的な活動を長年リードしてきた経歴を持つ著者にとって、この対立を克服《こくふく》することは現代世界においても本質的な課題であると考えられている。そこから著者はゲーテの「世界市民性」が、同時に「多様の調和」をともなっていることを指摘する。

〈池田〉ゲーテは幅広《はばひろ》く、あらゆる分野に生き生きと探求《たんきゅう》を広げていった。

国や民族や宗教の違いなど悠々《ゆうゆう》と超《こ》えて、偉大《いだい》なものを真摯《しんし》に求め、その心は世界《せかい》市民《しみん》として、つねに広々と開かれていた（同）。

〈池田〉つまり、諸国・民族の文化という「多様性《たようせい》」と、人類という「共通性《きょうつうせい》・連帯《れんたい》性《せい》」とが、互いに触発《しょくはつ》を与えながら、共に発展しゆく「調和《ちょうわ》の文化」そして「平和の文化」――ここに、ゲーテの志向性《しこうせい》があったといえます（同、二二九ページ）。

普遍的人間性と個人・集団のアイデンティティーとの間の調和は、現実には極めて実現困難な理想である。今日ゲーテ的人間主義だけでなく、およそヒューマニズムへの志向性一般が、一方では理念上の当然の前提とされ、そのためにいわば拡散《かくさん》して理念としての指導性を失っている現実がある。しかしまた他方では人間主義は、依然としてこれに敵対する破壊と分断の思想から安全であるわけではない。著者の危惧《きぐ》は常にこの点にあり、多くの講演や対談録も総じてこの危機感を確認するところから考察が始まっている。

人類史にいつまでも付きまとって離れないこのアポリア（二律背反）に対し、著者は一貫して「人間性」と「調和」の立場を守り続ける。ゲーテの生涯において、フランス革命に始まりナポレオンの没落《ぼつらく》に至る動乱の二十五年間は、党派性が荒れ狂った時代であった。まさに普遍性よりも個別性が重要視され、コスモポリタニズムとは対極のナショナリズムがヨーロッパを覆《おお》い尽《つ》くした。そうした時期に書かれたのが、小説『ヴィルヘルム・マイスターの修業時代』であり、その内容を論じる中で次のように述べられる。

〈池田〉私が注目したいのは、その戦乱《せんらん》のなかで、ゲーテが「教育」と「文化」の価値《かち》を、厳《げん》として守《まも》り抜《ぬ》こうとしたことです。

そして、社会がひっくり返るような混迷《こんめい》の時代だからこそ、「自己陶冶《じことうや》」「自己形成」――自分自身をどのように教育していくか、という重要なテーマを示していこうとしたのが、『ヴィルヘルム・マイスター』であったとも、いえるでしょう（同、二七三ページ）。

## 「求道」と「利他」

『ファウスト』を論じた第三の部分は、『私の人間学』を中心とする以前の論考《ろんこう》で指摘された論点が再び取り上げられている。すなわち主人公ファウストの出発点にあった宇宙的認識欲と、その生涯の到達点である「人類のための共同体建設」の理想とを、「求道」と「利他《りた》」という仏教的な観点から総合する試みである。

〈池田〉そこで、ファウストは「この世界を奥《おく》の奥で統《す》べているものを、／深く見きわめて、そこに働く／すべての力と種子《しゅし》とをこの目で見定《みさだ》め」（山下肇訳。潮出版社版『ゲーテ全集』三巻）たいと渇望《かつぼう》する。

換言《かんげん》すれば「大宇宙」に眼《め》を向けて、〝大自然を貫《つらぬ》く法則《ほうそく》〟〝万物の生命の源泉《げんせん》〟を解明《かいめい》したいと願うわけです。そこには、仏法者にも似《に》た求道《きゅうどう》がありますす（『世界の文学を語る』潮出版社、三〇八～九ページ）。

〈池田〉長い魂《たましい》の遍歴《へんれき》の果《は》てに、彼が到達《とうたつ》したのは、権力意志の貫徹《かんてつ》ではなく〝人間の幸福は、他者《たしゃ》のために働いていくなかにこそある〟という境涯《きょうがい》であったともいえる（同、三二三ページ）。

〈池田〉ファウストがたどり着いた最終的な理想は、「自由な土地に自由な民《たみ》とともに立ちたい」という、人間の本然的《ほんねんてき》な願望であった（同、三二四～三二五ページ）。

こうした社会的視点《してん》は、ゲーテ自身の政治活動との関連でも論じられる。

〈池田〉ゲーテは、机上《きじょう》の文筆家《ぶんぴつか》ではなく、行動《こうどう》する知性《ちせい》であった。そこにも、私は大きな魅力《みりょく》を感じます（同、二五八ページ）。

ゲーテが働いたザクセン＝ヴァイマル＝アイゼナハ公国《こうこく》（後に大公国）は、英邁《えいまい》な君主とその母により、文化的な先進国家へ向けた改革の努力が進められてはいたが、一方では何といっても極めて限定的な地域で、旧態依然《きゅうたいいぜん》たる身分社会の秩序も色濃《こ》く残っていた。また常に強国プロイセンに従わなければならないなど、多くの制約のある中での政治活動でもあった。その意味では、政治家としてのゲーテの業績《ぎょうせき》は、詩人としてのゲーテが残したものには明らかに比ぶべくもない。しかしヴァイマル入り後の十年間にとどまらず、長い年月にわたって公国の政治にかかわり続け、公共の福祉《ふくし》のために努力と貢《こう》献《けん》を惜《お》しまなかったことは事実である。『ファウスト』の終幕《しゅうまく》の言葉もこうした体験に裏付けられているので、一片の理想として片付けることのできない現実的な重みを持つに至っていると言えるのである。

対談集の終局近く、話題はゲーテの長命《ちょうめい》に回帰してくる。そして「活動」の概念がそれに結び付けられる。

〈池田〉ゲーテの生き方そのものが、いまなお光を放ってやまない。

エッカーマンは、晩年《ばんねん》のゲーテについて、こう描写《びょうしゃ》しています。

「今や、彼（ゲーテ）はあと数年もすれば八十歳に手が届こうとしている。しかし、探究《たんきゅう》や体験に飽《あ》きることはあるまい。どんな方面においても、彼はとどまることを知らない。彼は、つねに前へ、前へと進もうとする。たえず学びに学んでいる。そして、まさにそのことによって、永遠にいつも変わらぬ青春の人であることを示してくれるのだ」（『ゲーテとの対話』下巻、山下肇訳、岩波文庫）と。

事実、ゲーテは、最愛《さいあい》の家族の死の悲しみなども乗り越えて、ライフワークである『ファウスト』を、八十二歳で仕上げた。

崇高《すうこう》な人生《じんせい》を、最後の最後まで、生き生きと生き抜いた（同、三三一ページ）。

一九七八年の『私の人物観』におけるゲーテ論も、その長命を論じるところから始まった。二十二年後のこの対談集は、その長命を論じつつ終わっている。それはこの対談が、それまでのゲーテ論を引き継ぎ、拡大させながら展開されていったことを象徴的に示す一事である。

# 講演『人間ゲーテを語る』

## 特別文化講座

対談集の刊行から二年後の二〇〇三年三月、創価大学における池田講演が「第一回特別文化講座」と題して行われ、そのテーマにゲーテの人物論が掲《かか》げられた。特別文化講座はその後も創価大学、創価女子短期大学、創価学園の学生・生徒を対象に行われ、その都度歴史上の人物の生涯が題材に選ばれている。魯迅《ろじん》、マリー・キュリー、ダンテと続いているが、連続講座の第一回がゲーテであったことは、創立者のこの詩人に寄せる強い共感を改めて物語っている。

三月に行われたこの講演では、聴衆《ちょうしゅう》の多くが卒業を控《ひか》えた学生であったため、創立者は彼らの卒業後の人生に思いをはせながら、ゲーテの生涯やその言行を通して助言を贈っている。したがってその内容の重点はゲーテの人格形成を跡付《あとづ》けつつ、それに影響を与えた人物や事件、さらにはゲーテ本人の省察《しょうさつ》や自戒《じかい》を取り上げて考察し、そこから今日的な意義を見出《みいだ》していくことにあった。

人物としては、はじめに父母、続いて師友《しゆう》ヘルダーに焦点《しょうてん》が当てられ、さらに妻クリスティアーネが取り上げられる。一方ヴァイマル入り後の政治上の努力や、『ファウスト』を中心とした詩作の上での長年の持続的な努力も論じられる。最後にゲーテの死の様子と晩年の心情が紹介されている。

## 身近な死とたゆまぬ活動

ゲーテが詩人としてたぐいまれな天分に恵まれていたにしても、それが開花し大成するためには何が作用したのか、創立者はその答えを、父母と家庭、青年時代の厳《きび》しい先輩との出会いと薫陶《くんとう》、日々の努力の着実な積み重ね、生涯《しょうがい》を貫く行為と活動という観点から導き出そうとする。そしてそれはそのまま創立者自身の自己陶冶《とうや》の人生と重なっていく。さらにそれはまた未来の後事《こうじ》を託《たく》すべき青年世代への呼びかけともなっているのである。

そうしたたゆまぬ努力の背景には、青年時代から「死」が身近にあった点を指摘《してき》する箇所《かしょ》は中でも印象深い。

ゲーテは、「死」という人生最大の問題を、真摯《しんし》に、そして深く洞察《どうさつ》していた。それには、学生時代から、死に直面するような大病《たいびょう》を何度も患《わずら》った経験が関係していたかもしれません。

また、幼《おさな》くして兄弟を次々と亡《な》くし、奥さんや五人の子どもすべてを先に亡くした経験も、その死生観に大きな影響を与《あた》えたのでしょう（『聖教新聞』二〇〇三年三月十五日付）。

創立者はこの後にエッカーマンに語ったゲーテの有名な言葉、太陽の比喩《ひゆ》で精神の永遠性への確信を吐露《とろ》した言葉を引用し、仏法に相通ずる考え方であるとした上で、それを再び活動の概念《がいねん》と結び付ける。

たゆみない活動、たゆみない仕事――それが永遠性につながると考えた。たゆまず仕事をすることが一番、大切です。人類のために、人のために、自分のために（同）。

創立者自身、この時すでに七十五歳を超え、最晩年のゲーテの心情に深い共感を抱《いだ》いていることがわかる。しかもこの講演から今日（二〇〇九年十一月）すでに六年以上を経過しようとしているが、その「たゆみない活動、たゆみない仕事」への信念と実践はいささかも衰《おとろ》えていないことは、多くの人の知るところである。

# 第三章　ヒューマニズムの復権を目指して

ゲーテとシラー　©amanaimages

# ゲーテにおける「人間性」

前章では池田思想におけるゲーテ論をたどってみた。それはつまり本人自身の言葉に即して、そのゲーテ観《かん》の拡大発展の跡をたどる試みであった。

ここからの二つの章では、直接ゲーテを論じた著作を離れ、彼の思想や行動の全体像に視点《してん》を広げる。また一方ではゲーテの作品と思想世界にも広くあたりながら、池田思想とゲーテとの共鳴《きょうめい》部分を探っていきたい。こうしたより大きな連関の上から、彼がなぜにこれほどまでにゲーテに関心を抱《いだ》き続けてきたのか、ゲーテの中にどのような可能性を見出《みいだ》したのかという点を浮《う》き彫《ぼ》りにしていきたい。

はじめにこの章では、彼が繰り返し「人間」ゲーテというテーマを扱い、ゲーテの人格面の特徴を問題にしている点に着目する。両者における「人間性」の概念《がいねん》を検討比較し、それを基底において構築されるヒューマニズムの現代における復権《ふっけん》の可能性を、彼らがどのようにとらえているかを考えていきたい。

## 「ヒューマニズム」とは何か

ヒューマニズムという語は我々にとってなじみの深い言葉である。しかしまた一方で、少し深く考えてみると、わかったようなわからないような、あいまいな語でもある。そこではじめにこの言葉がそもそもどんな意味を持っていて、いつごろ、誰によって提《てい》唱《しょう》されたのかを確認しておこう。

辞書によれば大きく二つの意味に分けられている。一つは「人間性を称揚《しょうよう》し、さまざまな束縛《そくばく》や抑圧《よくあつ》による非人間的状態から人間の解放《かいほう》を目ざす思想」（『大辞泉』）、もう一つは「人道主義」（同）である。このうち一つ目のほうはさらに細かく四つに分かれている。中世からルネサンス時代にかけての「人文主義」、啓蒙《けいもう》主義時代の十七、十八世紀イギリス・フランスに端《たん》を発する「市民的ヒューマニズム」、十八世紀から十九世紀初頭、特にドイツの古典主義時代の「新人文主義（ネオ・ヒューマニズム）」、最後に資本主義社会の人間疎外《そがい》から人間性の回復を目指す「社会主義的ヒューマニズム」である。

試みに手近なドイツの哲学辞典をひもといてみる。ドイツ語では、ヒューマニズムは「フマニスムス」となるが、定義《ていぎ》には「意識的《いしきてき》人間中心主義。人間の意識から出発し、人間の価値《かち》の設定《せってい》を目的とする」とある。つまり十分に考え抜かれた末《すえ》に人間を考察の中心に置き、人間の意識を起点にして、そこから考えを進めていき、人間とはどういう存在で、どのような価値を持っているかを見定めていくことが目標であるとしている。その際、神《かみ》中心ではないところから、人間を超えた力や真理のもとに人間を従属《じゅうぞく》させることをしない。また逆《ぎゃく》に人間以下の目的のために人間を利用し、その結果、人間を自己自身から疎外して、一種の道具におとしめることも拒否するとしている。

「人間性」といい、また「人間の意識」といい、さらに「人間中心主義」といっても、ヒューマニズムの中心に来るのは「人間」という概念であることは明らかである。この「人間」についても古来さまざまな定義がなされてきた。石神豊《いしがみゆたか》はその著『ヒューマニズムとは何か』で、代表的な定義を紹介している。それは一方では人間以下のもの、特に「動物」との対比で、他方では人間を超えたもの、すなわち「永遠の存在者」、あるいは神との対比でなされてきた。

「人間はロゴス的動物※である」（アリストテレス）
「人間はポリス的動物※である」（同）
「人間は道具を作る動物である」（フランクリン）
「人間とは死すべきものである」（ヘシオドス）
「人間は一本の葦《あし》にすぎない」（パスカル）
「人間は克服《こくふく》されるべき何ものかである」（ニーチェ）
（『ヒューマニズムとは何か』石神豊著、レグルス文庫、四五〜四六ページ）

**※ロゴス的動物**　理性的動物。
**※ポリス的動物**　社会的動物。

こうしてみると、「人間」は「動物」以上、「永遠の存在」以下の中間的存在として認識されている。しかしこれらの定義は人間の持つ任意《にんい》の属性だけを取り上げ、それに動物性を付け加えたり、神なり超人《ちょうじん》なりの永遠の存在者から見て不足している点を指摘しているにすぎない。「人間」存在の内実、つまり「人間性」はどのようなものとしてとらえられてきたのだろうか。

## 「人間性」の歴史

古代ローマのキケロが「人間らしさ」の意味で初めて使ったとされる「フマニタス」が「人間性」の起源《きげん》とされる。この言葉もまたより低いものとの対比において想定《そうてい》されており、具体的にはローマ人以外の民族を野蛮人《やばんじん》として、それに比して文化的・道徳的に優《すぐ》れている資質《ししつ》を指して「人間性」と称した。つまりローマ人と野蛮人とを問わず、人間に普遍的に備わる本質を指す言葉というわけではなく、単にローマ人の文化的洗練《せんれん》性を指して使ったのだった。

十四世紀イタリアに発したルネサンスは、十六世紀にかけて全ヨーロッパに波及《はきゅう》した。この時代の人文主義者《じんぶんしゅぎしゃ》たちはギリシャ・ローマの古典古代を範《はん》と仰《あお》ぎ、そこに人間性の理想を見たと信じた。それは神を頂点とする中世のキリスト教神学の人間観に対し、自由意志を持つ独立した個人として、他によらずに自らの精神にのみ判断の基準を置く存在としての人間であった。しかし宗教改革者ルターと人文主義者エラスムスの論争に見られるごとく、自由意志を究極《きゅうきょく》の人間性のよりどころとするヒューマニズムは、一方では依然《いぜん》として人間を超越《ちょうえつ》した存在である神との調和《ちょうわ》をはからねばならなかった。

十七、十八世紀にイギリスやフランスに発した啓蒙《けいもう》主義の運動は、人間性の中核《ちゅうかく》の概《がい》念《ねん》として「理性」を考えた。人間を動物と分《わ》かつものこそ、この理性であり、しかも神は人間を理性を持つ動物として創造したのであるから、理性を最大限に使って世界を認識していくことは神の意志にもかなうことであると考えられたのである。

ドイツにあってはカント以降の観念論《かんねんろん》哲学の展開が見られる一方で、レッシングに始まりゲーテ・シラーのヴァイマル古典主義に至る「新人文主義」の思想が展開される。そこでは「人間性」に個人を超えた普遍《ふへん》性《せい》が付与され、全人類に有効な共通の理想にまで高められた。ゲーテの先輩格《せんぱいかく》であったヘルダーはその主著『人類史のための理念』でこの主張を展開し、ゲーテも大いに共感している。ヘルダーにあっては「人間性」は個人にとっても、民族にとっても、さらには人類全体にとっても「形成されるべきもの」としてあり、到達すべき目標であった。したがってドイツ語のBildung《ビルドゥング》の元意である「形成すること」は、同時に「教養《きょうよう》」という意味を持つが、それが「人間性」の具体的な表《ひょう》出《しゅつ》形態となる。

しかしここにおいて我々は、キケロにも見られた「人間性」という概念の落とし穴を想起《そうき》せざるを得ない。「人間性」が「教養」概念と重なる時、そこに「教養あるもの」と「教養無きもの」の二分法が成立し、「人間性」が全人類をつなぐ共通の理想として構想されたにもかかわらず、結果的に排除《はいじょ》の論理に反転してしまう事態になりかねない危険性が生じる。シラーやゲーテの美的《びてき》教育構想はこうした「人間性」涵養《かんよう》の理想を実現すべく考えられたものであり、それ自体不朽《ふきゅう》の価値を持つと思われるが、その一方でそれらが大衆的な広がりを意図していたとは考えにくく、あまりに高度な「教養」に支えられた、いわばエーテル（天上界の空気、後に存在が否定された。ここでは、現実を離れた意）に包まれた

「人間性」であった点は否《いな》めない。
マルクスの「社会主義的ヒューマニズム」は資本の搾取《さくしゅ》による労働者の人間疎外《そがい》を問題視し、生産手段を労働者の手に取り戻すことによって「人間性」を奪還《だっかん》し得るとの構想を打ち立てた。その意味では「人間性」の大衆的な広がり、その普遍性の側面を意識したヒューマニズムであったと言えよう。しかし現実に出現した社会主義国家は、プロレタリア独裁《どくさい》が個人の独裁にあまりにも容易にとってかわるという結果を招来《しょうらい》し、ここでも反転して人権抑圧《よくあつ》の装置となり果ててしまい、ついに歴史の舞台から退いてしまった国もある。

現代において「人間性」は必ずしもかつての高貴《こうき》な輝《かがや》きを有しているとは言えない。前章でもふれたように、幾多の悲惨な経験を経てきたにもかかわらず、貧困《ひんこん》・戦争・差別といった「人間性」に対峙《たいじ》するものが依然として猛威《もうい》をふるい、人類共通の普遍的理想としての「人間性」など、そうしたものの前にはあまりに無力な絵空事《えそらごと》に映《うつ》る時もあるからである。とりわけ反「人間性」の極致《きょくち》のごときナチスドイツのユダヤ人迫害を経験したドイツでは、一時期「アウシュヴィッツ以後、詩を書くことは野蛮である」（テオドール・W・アドルノ『プリズメン』渡辺祐邦・三原弟平訳、ちくま学芸文庫）とまで言われたほどであった。

## ヘルダーとゲーテ

ここで少し話を戻して、本章の本来のテーマであるゲーテにもう一度焦点《しょうてん》を合わせ、その「人間性」の概念について、それがどのようなものであったかを少し詳《くわ》しく探《さぐ》ってみよう。上述のように、それはヘルダーの提唱《ていしょう》したフマニテート（＝人間性）理論に親近性を持つものであるから、まずはヘルダーのこの理論を概観《がいかん》し、それからゲーテとの距離をはかることにしたい。

そもそもヘルダーというゲーテより五歳年上の人物との関係は、起伏《きふく》に富んだいきさつを織《お》りなしている。第一章で述べたように、最初の出会いはシュトラスブルク時代のことで、いまだ無名の一学生であったゲーテのほうが、すでに新進の評論家・文学理論家として名をはせていたヘルダーに接近した時であった。眼病の治療のための苦痛に耐《た》えかねた、この気難しい先輩は、若いゲーテをさんざんに酷評《こくひょう》する。相当な自信を持っていたゲーテの詩作品を、時代遅れの文学観だと一蹴《いっしゅう》し、はては活気に満ちたその生活態度まで雀《すずめ》のようだとこきおろす。しかし知識欲に燃えるゲーテはヘルダーのもとに日参《にっさん》し、ついにはヘルダーもその才能を認めざるを得なくなる。

二人がともにシュトラスブルクにあったのはわずか七カ月ほどにすぎなかった。その後も文通は続いていたが、二人が再び近づいたのは、後にヴァイマル入りしたゲーテが、ヘルダーを新教の宗務総監督のポストに招聘《しょうへい》した時であった。かつての無名の学生はこの時すでにドイツ文学を代表する旗手《きしゅ》となっており、加えてヴァイマルでは大公の信任を得て政務の中枢《ちゅうすう》に位置していた。ヘルダーはこれをこころよく思わず、ゲーテが期待したほどには二人の仲は復活しなかった。そんな二人の関係が復活するきっかけになったのはスピノザであった。

## スピノザ論争

もともとスピノザに対するゲーテの関心はヴァイマル入り以前にさかのぼり、それを呼びさましてくれたのは友人フリッツ・ヤコービであった。そのヤコービと再会し、ゲーテの中に再びこの十七世紀オランダの哲学者に対する関心が復活したが、同時にヤコービとのスピノザ理解の相違点も明らかになってきた。それは特に次の二つの点において際立《きわだ》っていた。

一つはスピノザの汎神論《はんしんろん》についての理解である。汎神論は万有神論《ばんゆうしんろん》とも呼ばれ、宇宙全体がそのまま神であるという論である。こうした考え方自体は古代から存在するが、特に十七世紀オランダの哲学者スピノザにおいては、神と自然は別のものではなく、生み出すものとして見れば神であり、生み出されるものとしては自然であるという相即《そうそく》の関係にある（『岩波哲学・思想事典』）。後に「スピノザ論争」と呼ばれることになるゲーテとヤコービの見解の食い違いは、スピノザの汎神論が神への信仰と矛盾しないと考えるゲーテと、それが無神論《むしんろん》の一種だととらえて攻撃《こうげき》するヤコービの立場にあった。汎神論が神への信仰と、人間を含めた地上の事物についての人間の側からのとらえ直しだと理解すれば、それは人間主義と神信仰との調和をはかる試みであったと言える。ヤコービがより神の側に、ゲーテがより人間あるいは自然の側に立脚点《りっきゃくてん》を置いたところから、両者のスピノザ理解の違いが生じたのであった。

もう一つは直観《ちょっかん》的認識の可否である。スピノザは直観的認識こそ人間に許された神を認識する手段であると考える。直観は自然の事物を観察する、すなわち形相《けいそう》の本質を把握《はあく》するという道を通して事物そのもの、事物の本質に至る。この事物の本質こそ神の属性の一部であり、人間はこのようなやり方で神を知ることができる。ゲーテはスピノザのこの考えは自分に最も近いとして、その生涯にわたる自然観察のよりどころとした。ゲーテの形態学的方法は、スピノザ的な直観的認識の実践であった。ヤコービは神は認識するものにあらず、ただ信ずるべきものであるという立場で、ゲーテとは異なっていた。

こうしたスピノザ論争の過程を通じて、ヘルダーはゲーテと同じ陣営《じんえい》に立ち、ヤコービに反対した。これがきっかけとなってゲーテとヘルダーは再び親密な関係を復活させるのである。

## 「人間性」をめぐるゲーテとヘルダー

そのヘルダーは、早くから「人間性」を人類の歴史の目標として設定していた。ヘルダーはその主著の一つである『人間性形成のための歴史哲学異説』において、創造主《そうぞうしゅ》である神の配慮《はいりょ》によって、人類はいくつかの文明の盛衰《せいすい》を繰り返しながら、次第に「人間性」を発展させてきたと述べる。彼によれば、オリエントの遊牧民《ゆうぼくみん》、エジプト文明、フェニキア、ギリシャ、ローマと、人類はあたかも幼児が成年へと成長していくのと同じように、一つの段階を完結して次の段階へと上昇《じょうしょう》を続けてきたと考えられている。

このように、個人レベルを超えて、人類全体としてより良い状態に向かって自己を改善し、やがては完全な「人間性」に到達するというのは、十八世紀啓蒙《けいもう》主義の哲学に特有なヴィジョンの一つで「完全指向性《しこうせい》」と呼ばれる。ヘルダーの上記の考察から六年ほど後に、啓蒙主義思想と文学の代表者であるレッシングも『人類の教育について』と題する論考《ろんこう》の中で、こうした完全性を「善がただそれ自体のためになされる時代」（集英社『世界文学大事典』四巻、八三二ページ）として構想した。

こうして啓蒙主義から新人文主義の時代、精神の形成と人権の実現を融合《ゆうごう》させた志向《しこう》性《せい》としての「人間性」の概念が成立していく。それはとりわけほかの人間に対する関心や援助という形で表れる。それは単に人格の目指すべき理想であるにとどまらず、ひるがえって人間関係形成や社会政策実施の際《さい》の規範《きはん》としても機能するようになる。

ゲーテもまた多くの点でヘルダーの考え方を共有している。『仮装行列《かそうぎょうれつ》一八一八年』と題した詩集の「イルメ川」と題した詩に次のように述べる。

人間性（フマニテート）こそ我らが永遠の目標であれ（筆者訳）

また『詩と真実』第十二章には「人間的なものと世界市民的なもの」（筆者訳）は同義であるとする言葉も見える。その概念の適用の範囲《はんい》は広く、単に人倫《じんりん》の理想であるだけでなく、法律、政治、医学、自然観察、芸術、宗教などの諸分野に及んでいる。『詩と真実』第十三章には裁判における「人間性」が述べられ、支配者の恣意的《しいてき》な法の適用がそれによって制限され、死刑などの刑罰も緩和《かんわ》されるべきで、支配者側の自主的判断によってそれがなされる時、それこそまさにローマ古来の「人間性」概念に合致した行為であると考えている。

同様のことをヘルダーもその『人間性促進のための書簡』で述べている。

気高きものは自らの権利が不当な場合には自分でそれを排し、子供、奴隷《どれい》、身分低きもの、よそ者、敵などに対し、ローマ市民あるいは名望家としてではなく、人間としてふるまった。この人こそ人間的（フマヌス）、いや最高の人間（フマニッシムス）であったのだ（筆者訳）。

ヘルダーはまた古典古代と対比して、キリスト教という宗教の持つ「人間性へ向かわしめるバネ」（筆者訳）としての性格に言及するが、この点でもゲーテの考えと一致している。

「友好的な思考法、（中略）同胞的調和と許しあい、困窮《こんきゅう》に悩む者や貧しき者への活動的な援助《えんじょ》、要するに共同体の絆《きずな》を作る人間のあらゆる義務」がそこに発していると述べる（『人類史の哲学のための理念』、筆者訳）。

さらに彼はキリスト教のこうした動機付けの働きを、広く宗教一般の特性として普遍《ふへん》化していく。世界の多様な地域や歴史上のさまざまな時代において出現した文化は、その精神的な基底部分にそれぞれの宗教を持っていた。それら多くの宗教はそれぞれの特徴を備えてはいるが、「人間性」の形成という観点から見る時、共通の働きをしていた。ゲーテは宗教の持つこうした共通の要素を自然研究における「原植物」になぞらえ、「原宗教」とした。ヘルダーとの『人類史形成のための理念』をめぐる密接な議論の中から、宗教のこうした特徴をテーマとした一つの叙事詩《じょじし》の構想が浮かび上がってくる。未完の断片に終わった『秘儀《ひぎ》』がそれである。

## 叙事詩『秘儀』と自己超克

一七八四年から八五年にかけて執筆されたこの叙事詩は、先に述べたヤコービとのスピノザ論争の直前に位置している。神と自然の合一を前提とする汎神論《はんしんろん》の立場に立ったゲーテとヘルダーが注目したのは、「バラ十字」と呼ばれる十四世紀の秘密結社だった。そこに説かれる「普遍《ふへん》宗教」の理念、バラと十字架《じゅうじか》に象徴《しょうちょう》される自然と神の合一は、一方ではスピノザの汎神論に通じ、他方では「人間性」の形成における宗教の普遍的な役割に通じるものであった。

今日残されているのは断片《だんぺん》で、数ページ分しかないが、ある修道僧《しゅうどうそう》が人跡《じんせき》まれな山《やま》間《あい》の谷間に立つ僧院にたどり着き、その入り口に掲《かか》げられたバラのまといついた十字架の紋章《もんしょう》に見入る。なかではこの僧院の指導者が皆に別れを告げる日(死)が近づいていて、一同がそれを悲しんでいるところである。一人の老僧《ろうそう》がその指導者の来歴《らいれき》を物語り、その人の名は「フマーヌス」であると明かす。神殿には十三の椅子《いす》があって、その一つ一つに異なった紋章を持つ盾《たて》が置いてある。翌朝、泊《と》まった部屋から僧院の回廊《かいろう》を二人の若者が松明《たいまつ》をかざしていく様子が見える。

断片《だんぺん》はここで途切れており、ゲーテは続きを書こうとしなかった。十三の盾は世界の主要な宗教を指している。僧院の成員は一人ずつそれぞれの宗教を代表しており、それらが順《じゅん》に語られる計画だったのだが、「あまりに途方《とほう》もない構想」のために完成を断念したのだった。こうした仕事はヘルダーの領分だった。しかもスピノザ論争に続いて、その翌年にはイタリア旅行があり、「こうした作品の完成のための土壌《どじょう》は失われてしまった」。結局断片のまま最初の著作集に収めることを決心した時、それはゲーテが完成を最終的に断念したことを意味していた。

さてこの『秘儀』において「フマーヌス」と呼ばれる指導者の人間性の特徴が表現される一節がある。

生あるいっさいのものを縛《しば》る暴力から

自己に克《か》つ人間こそが解き放たれる

（平井俊夫訳、潮出版社版『ゲーテ全集』二巻、四一七ページ）

また別の一節には

一人の人間が世のあらゆる試練のなかでも
もっとも苦しいものに耐《た》えて自らを克服《こくふく》するとき
その人を喜びをもって人びとに紹介し
これぞ人間の力ぞと称揚《しょうよう》することが出来ます（同）

外的な苦難や試練に打ち克《か》つためには自己自身に打ち克つこと、あるいはむしろこの二つの勝利が表裏一体であること、これが「人間性」の促進《そくしん》にとって欠くべからざる要因であることが示されている。しかしこうした外界と自己の二重の「超克《ちょうこく》」をよくなしうるものは選ばれたものであり、こうした資質が不足しているか、あるいは政治的・社会的状況に起因するめぐりあわせに打ち克つことができないものも少なくない。すでに述べたように、こうした人々には援助の手が差し伸べられるべきであるとされる。

## 「神性」と行動的人間性

こうした考えは一七八三年、スピノザ研究時代に作られた一片のゲーテの詩「神性」によく表れている。

人間は高貴であれ
進んで人を助け善であれ！
何故《なぜ》ならばわれらが知る
一切の生きとし生きるものと
人間とをわかつものは

ただにこれあるのみだからだ

われらには未知であっても
仄《ほの》かに予感せられる
より高きものに祝福あれ！
人間はその高きものに似てあれ
自己《みずから》がその例となってわれらに教えよ
その存在を信ずることを

（中略）

人間のみが
善人に酬《むく》い、

悪人を罰《ばっ》し
癒《いや》し　救い
迷いさまよう一切のものを
有用に結合することができる

そしてまたわれらは
かの不死なるものらを崇《あが》める
彼らもまた人間に似て
至善の人がささやかに為し
また為さんと願うところを
大いなる規模もて為すものとして

高貴なる人間は

進んで人を助け善であれ！
倦《う》まず為せ
益あること　正しきことを
そしてわれらの仄《ほの》かに予感する
かのより高き存在の写《うつ》しであれ！

（山口四郎訳、潮出版社版『ゲーテ全集』一巻、二二八～二三〇ページ）

紙数の都合で中間の五連を割愛《かつあい》したが、上に挙げた箇所《かしょ》が人間を超えたものに近づくことによって「人間性」を高め、神性を発現することを要請《ようせい》しているのに対し、割愛部分では主に自然を「無感覚」で善悪にとらわれないものとして、それとは対比的に描いている。

ともあれここに語られている理想は、いわば行動的人間性である。他者に対する共感と他者との融和《ゆうわ》、また共同体における有益性や正義を不断に創造するべきことを求める。

さらには法律や支配者の権能を認めつつも、それが犯罪者を矯正《きょうせい》させ、再び共同体の成員として迎え入れるべきことをうたう。こうして高められた人間性によって、人間は神的なものに近づき、不滅なものの似姿《にすがた》となることができるのである。

## 「人間性」の理念の問題点

ゲーテとヘルダーのヒューマニズムが自己超克《ちょうこく》と他者への寛容《かんよう》や援助をその主要な原則にしていたことを見てきた。しかしながらこの二つの原則を両立させることには問題がある。つまり一方では屹立《きつりつ》した人格の確立を目標としながら、他方ではその不可能性をも前提とするという矛盾をはらんでいるのである。一般にヒューマニズムの語義の半面である「人道主義」については、ヘルダーもゲーテもその必要を訴えつつも、同時に疑念をも抱《いだ》いていた。それも度が過ぎると、むしろ「自己超克」の倫理《りんり》原則が忘れ去られ、「世界は一つの救貧院《きゅうひんいん》」となってしまう。そしてそれは人類を向上へと導くどころか、むしろ怠惰《たいだ》と依存へ導く危険があると考えたからである。

現代の世界では、社会主義国のみならず資本主義諸国においても社会保障や社会福祉は政策の柱の一つとして、いわば必須《ひっす》の前提となっているが、ゲーテ時代はまだこうした社会政策は国家の事業ではなく、救貧院や孤児院《こじいん》なども教会や篤志家《とくしか》の手に任《まか》されていた。したがってヘルダーの言う「困窮《こんきゅう》に悩む者や貧しき者への活動的な援助」も、政治的な制度として構想されていたというより、慈善活動の範囲内にとどまっていたのである。

「人間性」をめぐるもう一つの問題点は、それが広い意味での人間の特性一般という側面と、目指すべき規範《きはん》としての人倫《じんりん》の理想という側面の両義を抱《かか》えていることである。前者の側面から見れば人間の美点のみならず、その弱点もまた「人間性」の概念に含まれることになる。この場合の「人間性」は、すでに見たように、神や永遠者などの高次の存在と比較する時は欠点や迷いの多い存在として、その負の側面が意識される。しかし動物や自然物と比較すれば、精神性を備えていることから、むしろその美点が意識される。

ゲーテやヘルダーのヒューマニズムが基礎とする「人間性」は、これとは違い規範的な意味におけるそれである。また同時にそれは形成されるべき人類の目標である。「人間性」の概念に含まれる矛盾に満ちた両義性の問題は、弱点をはらんだ人間の改善可能性を想定することによって、すなわち先に述べた啓蒙主義《けいもうしゅぎ》的な完全指向性《しこうせい》によってさしあたり解決される。ゲーテにあってこうした思想が色濃《こ》く反映しているのが戯曲《ぎきょく》『イフィゲーニエ』である。

蛮族《ばんぞく》の首長トアス王はディアナ神の巫女《みこ》イフィゲーニエに思いを寄せている。この国には流れ着いた異国の者を殺すという掟《おきて》があるが、戯曲の終幕《しゅうまく》に至ってイフィゲーニエの弟のオレストが、この密入国《みつにゅうこく》のかどで捕《とら》えられる。イフィゲーニエは弟とともに出国を企てたことを正直に告白し、トアス王の「人間性」に訴えかけ、ついにその心を動かして出国を許してもらうのである。つまり彼はオレストを処刑《しょけい》する権能《けんのう》を有している立場であるにもかかわらず、父祖の伝統に逆らってまであえて寛大《かんだい》な処置をとり、姉弟の出国を赦《ゆる》すのである。

しかしながらこの初期古典主義時代の作品を評して、ゲーテ自身「途方もなく人間的」（フリードリヒ・シラー宛「書簡」小栗浩訳、潮出版社版『ゲーテ全集』一五巻、一三五ページ）だと述べることもあった。トアス王の振《ふ》る舞《ま》いを通じて示された絶対的権力者の自発的な権利放棄のモチーフは、確かに「人間性」の理想ではあるが、現実世界とのあまりの懸隔《けんかく》の意識がこうした自分自身への皮肉《ひにく》に表れていると考えられる。

「人間性」が一つの規範として、人類の目指すべき目標であるというのは、上述のようにゲーテにとって終世変わらぬ信念ではあったが、その一方で、「人道主義」についての懸念《けねん》や「人間性」そのものの両義性《りょうぎせい》の問題があり、加えて遠い未来での完成可能性という、いわば一種の先送りに頼らず、当面する社会的現実の中でそうした理想が実現可能かとなると、幾重《いくえ》にも留保《りゅうほ》が付かざるを得なかったと言える。

## 「美」と「人間性」

ゲーテとヘルダーが「人間性」を達成すべき目標として設定することにおいて一致し

ていたとするならば、それを実現すべき方途において二人のたどる道は分かれ、次第にその距離は広がっていく。

イタリア旅行当時のゲーテは、古典古代の遺物《いぶつ》やルネサンスの芸術作品が残る天地にあって、一つの再生を体験する。ゲーテの帰国後に、ヴァイマルの大公母アンナ・アマーリアの随員《ずいいん》の一人として同じくイタリアへの旅に上ったヘルダーにはそのような再生は訪れなかった。

ゲーテがイタリアの地からヘルダーに宛《あ》てて「君が今ここに一緒《いっしょ》にいてくれたら」と書き送ったころ、彼は画家としての自分の可能性に執念《しゅうねん》を燃やし、その修業《しゅぎょう》に余念がなかった。そうした修業の末に画家への望みを最終的に断念してから十年ほど後に書かれた次の言葉は、逆《ぎゃく》に当時の執念の強さを物語っている。

「いやしくもなんらかの道にたずさわる人は、最高のものをめざして努力すべきである。ところで認識は、実行とはまるで別物である。なぜなら実践にあっては、やがて誰しも、自分に限られた力しか与えられていないことを認めざるをえないからである」(『「プロピュレーエン」への序言』より、芦津丈夫訳、潮出版社版『ゲーテ全集』一三巻、一三九ページ)

イタリアにあったゲーテにとって、何よりも造形芸術を通じて表現される「美」が彼の心をとらえて離さないものであった。神の作り出した作品が自然であるとするならば、その神の似姿《にすがた》である人間が作り出すものは文化であり、なかでも芸術はその精髄《せいずい》であった。自然と芸術が欠けることなき完全性と調和の状態を示す時、それは「美」として感じ取られる。こうした自然と芸術の「美」を感じ取る能力を高めることこそゲーテにとって「人間性」を養い、これを最高度の完成へ向かわしめる方途《ほうと》となった。そこでは「美」は自立した価値となり、芸術もまたそれに至る道として自立した価値を認められた。

一方ヘルダーにはこうした認識は理解できず、啓蒙主義《けいもうしゅぎ》を出発点とする彼にとって芸術の存在意義とは社会的な道徳の促進に奉仕することであり、芸術がそれ自体としてオートノミー(自律性)を有するという考えには賛同できなかった。特にゲーテがシラーの雑誌『ホーレン』に協力し、詩作の上でも緊密《きんみつ》な共同作業を始めると、ヘルダーは公然とその敵対者の立場をとり、ゲーテの古典主義期を代表する諸作品を「不道徳」であると決め付けた。

こうした隔《へだ》たりはさらにフランス革命の報が届くと修復不能なまでに拡大する。もともと君主制に批判的であったヘルダーは、当初革命の報を聞いてこれに賛同する立場をとる。ゲーテは君主制の体制を維持することを望む立場だったため、二人は対立関係に陥る。ついにはゲーテも大公ともどもヘルダーの言動に対して警告を発せざるを得なくなる。そのほかにもいくつかの不幸な原因が重なって、一八〇三年のヘルダーの死に至るまで、ついに二人は疎遠《そえん》のままに終わることになるのである。

## 池田思想とその実践における「人間性」

### 世界の大学での池田講演に見る「人間主義」

ゲーテにとって「人間性」の完成は、人類が目指すべき目標であったとするならば、池田思想にとってのそれは、失われた目標を再びその位置に復権《ふっけん》させる試みであると言える。

「人間性」の完成を目指す思想を「人間主義」あるいはヒューマニズムと名付けるならば、ゲーテやヘルダーの構想にもかかわらず、彼ら以降の「人間主義」がたどった運命は、その完成への道のりではなかった。良心的な人々の間で寛容《かんよう》や相互扶助《そうごふじょ》といった、ヒューマニズムの人道主義的側面が実践されてきた一方で、工業化や機械化の進展にともなう人間疎外《そがい》や搾取《さくしゅ》も広がり、やがて植民地獲得競争へと至った十九世紀。二度にわたる世界大戦とロシア、中国をはじめとする革命、ナチスやスターリンの独裁に人権無視の虐殺《ぎゃくさつ》や粛清《しゅくせい》、核《かく》の脅威《きょうい》の下での冷戦、その後の民族紛争にテロリズムと、二十世紀から二十一世紀へと、「人間主義」とは正反対の抑圧《よくあつ》と殺戮《さつりく》の歴史は続いている。

ここでは池田思想における、「人間主義」という観点に絞《しぼ》って考え、その基本的な構造を明らかにしてみたい。彼の著作や講演の中には「人間」をテーマにしたものが極めて多く、その人間主義的関心の強さと広さを反映している。広範《こうはん》な著作群の中から世界各地の大学で行われた講演に焦点を絞ってみようと思う。一つはそれらが明晰《めいせき》な論理性をもって構築《こうちく》されているからであり、もう一つはそれらの講演の大半が欧米社会の聴衆《ちょうしゅう》、つまり仏教徒ではない聴衆に向かって語るべく構想されているからである。すなわちそこでは西洋的人間主義と、東洋的人間主義の比較と融和《ゆうわ》が意図されているのである。

## 出発点としての「自律」

『秘儀《ひぎ》』で見たように、ゲーテにあっても「自己と外界の超克《ちょうこく》」というのは「人間性」の発展にとって不可欠の条件に挙げられていた。ゲーテと池田思想に共通する点として、第一にこのことが挙げられよう。

池田は、その人間主義の根本的条件の一つとして「自律」を置く。この点は表現こそ変化するが、諸大学での池田講演に一貫して登場する一種の基調音《きちょうおん》をなしている。それらの講演において、現代の国際世界が解決困難な多面的な課題に直面した状況にあるという認識から出発している。そうした問題群に対し、静観《せいかん》を決め込むか、夢想的《むそうてき》な理想を語るか、あるいは何らかの行動を取るか、取りうる立場はさまざまであろうが、池田講演では解決へ向けての構想を具体的に提示し、さらにその構想を実現するために行動を積み重ねるという選択肢《せんたくし》を選ぶ。そうした行動の理念的な基礎付けを与えるのは仏教である。その人間主義は、仏教の持つ人間観や宇宙観に基づいて西欧由来のヒューマニズムを再考し、可能な限り再生しようとする試みであると解することができる。こうしたとらえ直しの作業において、ゲーテもまた重要な手掛《てが》かりを与える一人となっているのである。

「二十一世紀文明の夜明けを」(『池田大作全集』第二巻)と題して、一九九五年六月、スペインのサンタンデール市にあるアテネオ文化学術協会で行われた講演には「ファウストの苦悩《くのう》を超《こ》えて」という副題が付いている。池田講演では「ヨーロッパ主導の近代文明のエートス」としてスペインの思想家ルイス・ディエス・デル・コラールに依拠《いきょ》しつつ、「認識」「行動」「支配」において貪欲《とんよく》であることを挙げ、ファウストの人物像にその象徴《しょうちょう》を見る。これは一方では進歩と創造、挑戦《ちょうせん》や開拓、自発と能動といった「光」の部分をもたらしつつ、他方ではその「影」も随伴《ずいはん》してきた。講演ではその影の部分の筆頭に「自律《じりつ》」の欠如《けつじょ》を挙げつつ、ここでもファウストにその典型《てんけい》を見ている。

近代文明の軌道《きどう》修正されるべき第一の点は、「自律」ということではないでしょうか。ファウストの苦悩《くのう》は、自律を求めてついに得られぬ悲劇《ひげき》であります（『池田大作全集』第二巻、五〇四ページ）。

こうした「影」が一般化したのが二十世紀の大衆社会であり、講演ではオルテガ・イ・

ガセットの『大衆の反逆《はんぎゃく》』（神吉敬三訳、角川文庫）の次の指摘《してき》を引く。

われわれの時代はいっさいの事象を征服《せいふく》しながらも（中略）自分自身のあまりの豊かさのなかに自分の姿を見失ってしまったように感じている時代なのである（同）。

こうした「自律性《じりつせい》」は個人の人格の中に形作られていくべきものであるが、ここではそうした人格的な訓練を「陶冶《とうや》」と位置付けて述べる。

より深刻《しんこく》なことは、産業文明の進展《しんてん》が生命力の衰弱《すいじゃく》というか、内面世界の劣化現《れっかげん》象《しょう》を引き起こしてしまっているという事実ではないでしょうか。

利便や快適さを追うあまり、困難《こんなん》を避《さ》け、できるだけ易《やす》きにつこうとする安易《あんい》さから、「陶冶」が二の次、三の次にされてきたのが、近代、特に二十世紀でありますﾞ（同、五一二ページ）。

この指摘は次のよく知られたゲーテの箴言《しんげん》とも符合《ふごう》しており、講演でも先のディエス・デル・コラールの著書からの孫引きの形で引用している。

私たちに自制《じせい》の力を与えずに、私たちの精神を解放するものはすべて有害である（『ヴィルヘルム・マイスターの遍歴時代』、登張正實訳、潮出版社版『ゲーテ全集』八巻、二五一ページ）。

さらに講演では仏教の立場から、「自律」を意味する「安穏《あんのん》」「解脱《げだつ》」「禅定《ぜんじょう》」などの概念を挙げ、日蓮の「稲作り」「鏡《かがみ》」「刀剣《とうけん》」の比喩《ひゆ》を引いて、仏教における「陶冶」の在り方を示していく。ひるがえって「陶冶」の欠如した世界の危険性を次のように述べる。

旧社会主義国はもとより、〝勝利〟したはずの自由主義国にあっても、シニシズム（冷笑《れいしょう》主義）や拝金《はいきん》主義の横行《おうこう》する「哲学の大空位時代」を招き寄せてしまいました。

その陶冶なき脆弱《ぜいじゃく》な内面世界と、未曽有《みぞう》の大殺戮《だいさつりく》を演《えん》じた二十世紀の悲劇的《ひげきてき》な外面世界とは、深い次元で重なり合っているように思えてなりません。

ゆえに、私どもは、人間の陶冶の異名《いみょう》ともいうべき「人間革命」の旗を高く掲《かか》げ、新たな人間世紀の夜明けを目指し、航海を続けているのであります（『池田大作全集』第二巻、五一五ページ）。

総じて講演では現代において「人間性」の復活は可能であると考えるだけでなく、混沌《こんとん》とした世界情勢の根本的な改善のためにはそれが不可欠《ふかけつ》であるという立場に立っている。その出発点が個人のレベルにおける「自律《じりつ》」であり、「陶冶」をそのための方途として考えている。ゲーテの考えとの強い親近性の一方で、彼の場合はこうした発想の淵《えん》源《げん》をなしているのが仏教思想であり、なかでも日本の日蓮の思想であることが異なっている。この場合もそうであるが、さまざまな講演を通じて一貫して見られる特徴は、西洋と東洋の知的遺産を意識的に対置することを通じて、一方では両者の特徴や相違点を摘出《てきしゅつ》しつつ、他方では共有点や一致点を探ろうとする姿勢が見られることである。相違点の一例として「自力《じりき》」と「他力《たりき》」の考え方が挙げられる。ゲーテの『ファウスト』が彼の指摘するように「自律を求めてついに得られぬ悲劇」だとしても、盲目と死の後には神による救済が待っている。ハーバード大学での池田講演はこうした「自律」と「救済」、あるいは西欧的表現で言いかえれば「自由意志」と「恩寵《おんちょう》」に関し、歴史上の両者のせめぎ合いの過程を次のように述べる。

ヨーロッパ主導の中世から近代への流れを、大まかに俯瞰《ふかん》してみれば、物事の決定権がもっぱら神の意志にあった、神中心の決定論的世界から、その決定権が人間の側に委《ゆだ》ねられ、自由意志と責任の世界へと徐々《じょじょ》に力点が移行してくる過程であります。いってみれば、「他力」から「自力」への主役交代であります（「二十一世紀文明と大乗仏教」『池田大作全集』第二巻、四二六ページ）。

しかし科学技術と理性万能《ばんのう》が過信《かしん》を生み、人類は袋小路《ふくろこうじ》の現代文明という事態に直面しているとした上で、次のように続ける。

近代人の自我《じが》信仰の無残な結末が示すように、自力はそれのみで自らの能力を全《まっと》うできない。他力すなわち有限な自己を超《こ》えた永遠なるものへの祈りと融合によって初めて、自力も十全《じゅうぜん》に働く（同、四二七ページ）。

この点はアテネオ文化学術協会の講演では「自律《じりつ》」と「他律《たりつ》」として、次のように述べられている。

宗教的権威《けんい》という他律からの解放を謳《うた》い上げた近代文明の行き着いた先の二十世紀が、ファシズムやコミュニズムといった疑似《ぎじ》宗教的な他律的権威が、すさまじい猛威《もうい》を振るった時代であったということは人類史の皮肉と言う以外にありません

（「二十一世紀文明の夜明けを」同、五〇四～五〇五ページ）。

このように「自律」といっても、池田思想の場合は常に個を超えたものが意識されており、それを前提とした上での「自律」であることが特徴である。これはやはり仏教の知見《ちけん》に基づくものであり、「人間性」のテーマをめぐる池田講演における、もう一つの基本概念である「共生《きょうせい》」もそこから導き出されてくる。

## 縁起観と「共生」

仏教における「共生」について次のように語られている。

仏教では、人間と、それを取り巻く人間社会や自然、宇宙などの環境《かんきょう》とを不可分《ふかぶん》のものとして捉える視点《してん》を、一貫《いっかん》してもってきました（同、五〇八ページ）。

もちろんこうした考えは西欧にも見られるのであるが、その例として『ファウスト』の「夜」の場の次の一節が挙《あ》げられる。

あらゆるものが一個の全体を織《お》りなしている。一つ一つがたがいに生きてはたらいている（大山定一訳、『ゲーテ全集』2所収、人文書院）。（「二十一世紀文明と大乗仏教」『池田大作全集』第二巻、四三〇ページ）

しかし現代文明の主流は、やはり自然と人間の対立関係であり、自然の征服《せいふく》と支配にあった。ファウストのような森羅万象《しんらばんしょう》の「共生」の感覚は縁遠《えんどお》いものになってしまったと考えられている。

さて「共生」の視点から人間主体と社会あるいは自然との関係性を把握《はあく》する仏教の考え方を、池田講演では「縁起《えんぎ》」と「依正不二《えしょうふに》」という概念《がいねん》を使って説明する。

ハーバード大学における一九九三年の池田講演「二十一世紀文明と大乗仏教」で、「縁起」をこう説明する。

ご存じのように、仏教では「共生」を「縁起」と説きます。「縁起」が、縁《よ》りて起こると書くように、人間界であれ自然界であれ、単独で存在しているものはなく、すべてが互いに縁となりながら現象界《げんしょうかい》を形成している。

すなわち、事象《じしょう》のありのままの姿は、個別性というよりも関係性や相互依存性《そうごいぞんせい》を根底としている。

一切の生きとし生けるものは、互いに関係し依存し合いながら、生きた一つのコスモス（内的調和）、哲学的にいうならば、意味連関の構造を成しているというのが、大乗仏教《だいじょうぶっきょう》の自然観の骨格《こっかく》なのであります（『池田大作全集』第二巻、四二九ページ）。

「縁起」をこのように関係概念としてとらえると、その相関性は現象の変化に依存することになり、力動的《りきどうてき》概念となる。このことをフランス学士院での池田講演では、仏教概念で「空《くう》」と言い表す。

こうした「結縁」によって生起《せいき》する一切の事象《じしょう》の実相を、大乗《だいじょう》仏教では「空」と説いております。（中略）ニヒリスティックでスタティック（静的）な小乗的概念《がいねん》とは、百八十度様相を異《こと》にし、刻々《こっこく》と変化し生々躍動《せいせいやくどう》しゆくダイナミックな生命の動きそのものなのであります（「東西における芸術と精神性」同、二七九ページ）。

この「縁《よ》りて起こる」事物の関係性を、主体と世界に適用すれば「依正不二《えしょうふに》」の概念となる。前章でも述べたがこれも仏教用語で、「依」とは「依報《えほう》」で、主体をめぐる環境世界、「正」とは「正報《しょうほう》」で主体、この二者が二元的に対立するのではなく、相即《そうそく》不離《ふり》の関係にあるとする考え方である。しかし池田講演では、それも二つの異なる世界が一体となるといった静的なものではなく、「依報」である森羅万象《しんらばんしょう》も、「正報」という内発的な生命の発動を離れてはありえず、ダイナミックで実践的色彩が強いものであるとする（「ソフトパワーの時代と哲学」同、三三四ページ）。

こうして「縁起観」が事物相互《そうご》間および人間相互間の「共生」を支え、「依正不二」が主体と環境世界の「共生」を支える根拠《こんきょ》を与えているのである。

## 実践的行動規範としての「大我」

こうした基礎的概念の上に立って、ハーバード大学での池田講演では人間の自我の在り方に論及する。

講演では仏典の「己《おのれ》こそ己の主である。ほかの誰《だれ》がまさに主であろうか。己がよく抑《よく》制《せい》されたならば、人は得難《えがた》い主を得る」を引いて、自己に忠実に主体的に生きよとの促しをそこに見るが、しかしながらこの「己」をエゴイズムと区別して述べる。

エゴイズムに囚《とら》われた小さな自分、すなわち「小我《しょうが》」ではなく、時間的にも空間的にも無限に因果の綾《あや》なす宇宙生命に融合《ゆうごう》している大きな自分、すなわち「大我《たいが》」を指しております（『二十一世紀文明と大乗仏教』同、四三一ページ）。

ここでいう「大我《たいが》」は、同時に人間の人格《じんかく》の目指すべき目標であり、ゲーテやヘルダーにあっては規範的《きはんてき》な意味における「人間性」である。この「人間性」が「大我」として仏教的見地から改めてとらえ直されているのである。講演では、それが社会的、実践的《じっせんてき》行動規範ともなっていくと述べる。

大乗《だいじょう》仏教で説くこの「大我」とは、一切衆生《しゅじょう》の苦を我が苦となしゆく「開かれた人格」の異名《いみょう》であり、常に現実社会の人間群に向かって、抜苦与楽《ばっくよらく》の行動を繰《く》り広げるのであります（同、四三二ページ）。

こうして「共生」は行動の概念となって、池田講演で提唱《ていしょう》する「人間革命」運動の根《こん》拠《きょ》を形作ることになる。それは「大我」、すなわち「人間性」の連帯《れんたい》を目指す行動であり、それが社会的「共生」を創出《そうしゅつ》する源泉となっていく。そしてそこにこそ「『近代的自我』の閉塞《へいそく》を突《つ》き抜けて、新たな文明が志向《しこう》すべき地平がある」（同、四三三ページ）と考えるのである。

ゲーテを西欧ヒューマニズムの伝統の頂点《ちょうてん》の一つとすれば、池田は東洋仏教の知見《ちけん》を出発点としながら、西欧ヒューマニズムの遺産《いさん》を取り入れ、「自律《じりつ》」と「共生」という固有の原理を打ち立てる。そこを足掛かりに「人間性の連帯」の可能性を求め、ヒューマニズムの復権《ふっけん》を目指しているのである。

第四章

# 「平和」の思想をめぐるゲーテと池田大作

ヴィラ・ザクセン

# ゲーテにおける革命、戦争、平和

## 二つのイタリア旅行

ゲーテの生涯《しょうがい》を通観《つうかん》する時、彼にとってイタリア旅行が持っていた意義は、計り知れないほど大きなものがあった。一七八六年九月から八八年六月までの一年十カ月にわたる旅は、政治的もしくは外交的な目的や、ましてや交易《こうえき》や商取引などの経済的な目的のものでもなかった。何よりもまず古代ギリシャ・ローマ時代の芸術や、ルネサンス期（ゲーテ時代にはまだこの言葉は使われてはいなかったが）の芸術を直接自らの目で見ることを目的としていた。その意味では政治・経済等の実利にまつわる外面的な価値ではなく、自己の内面の芸術観・人間観・自然観など、精神的な諸価値を深め、それへの洞察力《どうさつりょく》を磨《みが》くための旅であった。

ヴェネツィア、ローマ、ナポリ、シチリア、そして再びのローマ滞在《たいざい》の後に、ドイツへ帰還《きかん》したこのイタリア旅行は、絵画や建築の鑑賞《かんしょう》と並んで、自然と民衆の習俗に関してても多くの知見《ちけん》をもたらした。古代を再認識し、ルネサンスの天才たち、とりわけラファエロの作品を研究し、自らも画家としての修練《しゅうれん》を積みつつ、一方ではパドゥヴァの植物園で原植物のイデーをつかみ、ヴェスヴィオス火山に危険を冒《おか》して繰り返し登山し、気象や鉱物にも観察を怠《おこた》らなかった。こうして彼は自らの本性に立ち返る決心を固める。それは時事的・政治的な活動の一線をしりぞき、芸術と学問の領域に今後の自己の活動を限定しようという決心であった。

イタリアの旅はこのような経過をたどり、ゲーテの人生に決定的な転換点《てんかんてん》をもたらしたのであるが、実はこれが最後ではなかった。後に旅行記としてまとめられ、紀行文学の古典となったのは、もちろんこの時のイタリア旅行であり、そのゆえに一般にはゲーテのイタリア旅行といえばこれに尽《つ》きるように思われている。しかし翌々年の一七九〇年三月から六月の約四カ月間にわたって、ゲーテは再びイタリアの地を訪れているのである。

このいわば「第二次イタリア旅行」は、二年前のそれと比べると公私にわたる状況をまったく異にするものであった。ことのおこりは、すでに第一次のイタリア滞在中にさかのぼる。主君のカール・アウグスト公の母、アンナ・アマーリアがゲーテのいるイタリアを自身も訪れたいと願い、その受け入れを打診してきたのだ。ゲーテはさまざまに理由をつけてこの任務を回避《かいひ》する。しかし彼の帰国後、公母はこの企てを実行し、彼と入れ違いにイタリアへ旅立つ。一七八八年九月から九〇年の六月にわたったこの旅行は、季節も長さもゲーテのイタリア旅行をなぞるように行われたが、その準備にはゲーテ自身協力を惜《お》しまなかった。公母は帰路だけでも随行《ずいこう》のためにローマまで来てほしいと望んだが、ゲーテはこれを断りヴェネツィアから同行するようにした。

旅行の性格そのものが、いわば君命による出張であって自ら望んだわけではないので、事物に寄せる関心も限定的にならざるを得ないし、二度目ともなれば新鮮味《しんせんみ》も薄れる。加えて新しい恋人クリスティアーネと生まれたばかりの息子アウグストを残しての旅であり、身はイタリアへ向かっていても、心はヴァイマルの妻子のもとへ飛んでいる。

公母の到着も遅れ、旅はいたずらに引き延《の》ばされていく。こうした内外にわたる事情が、この第二次イタリア旅行を前回とは似ても似つかぬ不快な体験にした。

その直接の証言は『ヴェネツィアのエピグラム』という詩集に見出《みいだ》されるが、実は第一次と第二次のイタリア旅行の間には、今述べた個人的事情のほかに、時代状況の変化が横たわっていて、あたかも大きく口をあける深淵《しんえん》のように両者を隔《へだ》てている。それは一七八九年七月に起こったフランス革命である。

## 革命勃発の報に接して

ゲーテはこの大事件の報に接しても、それほど多くの証言を残してはいない。わずかに翌年三月にヤコービに宛《あ》てた手紙の中で、「フランス革命が私にとっても革命であったことを、君はわかってくれるだろうね」というくだりが残されている。この「自分にとっての革命」という言葉が、どのような内容のものか詳《くわ》しくは書かれていない。しかしそれが決して喜ばしい効果をゲーテにもたらしたのではないことだけは明らかである。

何よりも『ヴェネツィアのエピグラム』の中に見られるフランス革命関連のテーマのものを見れば、彼が激しい嫌悪感《けんおかん》を抱《いだ》いていたことがわかる。

フランス革命に対するこうしたゲーテの拒否の態度は、いったいどのような意味を持っているのか。このことはゲーテ研究の歴史の中で常に中心的なテーマの一つであり続けた。

時としてそれは、この詩人そのものの評価にさえかかわってくる問題であった。特に若い世代を中心にしてリベラリズムの運動が高揚《こうよう》してきた時代には、ゲーテは「保守反動の守旧派」として断罪されさえしたのである。

しかしその後の二百年余りを振り返る時、ヨーロッパ近代の市民社会や民主主義と、そしてその延長線上の国民国家モデルが構造的に国際紛争を引き起こすという、予期せぬジレンマに人類が悩まされ続けたということもまた事実である。こうした歴史の経験を踏まえて、その発端の時代を振り返ると、フランス革命に対してゲーテが示した拒否的な反応もまた違った意味合いを帯びてくるように思われる。

## 「自由の使徒」への嫌悪

上述したように、革命の報はイタリア旅行から帰還《きかん》して一年余りの時に届いた。今日、一七八九年七月十四日のバスチーユ牢獄《ろうごく》襲撃の日をもってフランス革命勃発《ぼっぱつ》の日と考えられているが、そこに至るまでにはさまざまな紆余《うよ》曲折《きょくせつ》があった。こうした革命の助走の時代を通じて、時々刻々《じじこっこく》と緊迫《きんぱく》しゆく隣国フランスの情勢はゲーテの耳にも届いていたに違いない。

これはまったくタイミングが悪かった。イタリアでのおよそ二年間の滞在を経験したゲーテの中には、人類の進むべき方向性について新たなヴィジョンが形作られつつあったのだが、それはギリシャ・ローマの古典古代を模範《もはん》とした芸術と自然の理想を目指すものであった。革命の報は、その急進性と暴力性をもって、こうしたヴィジョンに真っ向から対立し、その解体を迫るものであった。つまり新しく獲得《かくとく》したヴィジョンを現実に実践するよりも先に、その現実の枠組《わくぐ》み自体がまったく姿を変えようとしていたのである。自然研究と芸術、つまり文化の力をもって人類の進歩を促すという構想は社会の安定を前提とする。革命は伝統的貴族社会の秩序を崩壊《ほうかい》させるばかりでなく、ヨーロッパ社会全体にかつてない動揺《どうよう》をもたらした。こうした事態に直面したゲーテが、それを自らの構想に反する脅威《きょうい》であると感じたことは明らかである。こう考えると「自由の使徒」に対する彼の激しい嫌悪感《けんおかん》も十分理解できる。

さらに小国ではあれ国政を預かる立場にあったゲーテにとって、平和と秩序とは守るべき第一の重要事であり、これを脅《おびや》かす戦争と革命は阻止《そし》されねばならなかった。この点ゲーテはあくまで実際的な政治家の立場を取り続ける。ゲーテは市民階級出身ではあったが、そのなかでも裕福で十分な教育を積んだ階層の出であった。ヴァイマル入りし、公国の政治に関与して統治するものの側に立った彼から見れば、国の統治というものは君侯《くんこう》や貴族か、あるいは教育のあるエリート市民によって担《にな》われるべきで、無教養な一般大衆に委ねるわけにはいかないものであった。主権在民が定着した今日の政治の常識から見ればいかにも保守的な考え方に見えるが、公的な教育がまだまだ未発達の当時としては、こうした態度は一面では現実に即したものでもあった。

## 「公正さ」と情報開示

しかしその反面、ゲーテが無批判に封建的絶対主義の擁護者《ようごしゃ》であったとするのも当を得ていない。彼は隣国《りんこく》フランスの運命を注視する中で、その革命に対して第一に責任を負うべきは腐敗堕落《ふはいだらく》した支配階級であるとの立場を取っていた。統治するものとしては災厄《さいやく》にほかならない革命を避《さ》けるためには、支配者たる君侯は「公正さ」を肝に銘じて統治にあたらなければならないと考える。

革命期に書かれた作品群にはこうした見解が反映していて、革命が始まった当初に作られた戯曲《ぎきょく》『大コフタ』には、私利私欲に走る貴族階級の堕落した実態が風刺《ふうし》の的になっている。また『扇動《せんどう》された人々』という題の、フランス革命がロベスピエールの恐怖政治の局面を迎えたころに書かれ、その後未完のままに終わった戯曲があり、そのなかで中心人物である伯爵《はくしゃく》夫人が為政者としての自らの信条を「公正さ」であると語る場面がある。晩年のゲーテがこの作品を振り返った言葉が残っているが、「伯爵夫人の信条は当時の私の考えを代弁《だいべん》したものであったし、今もその考えは変わっていない」と述べている。

革命による混乱の責任が主として為政者《いせいしゃ》の腐敗《ふはい》にあるとする考えと並んで、こうした支配者層の失態《しったい》を広く一般の民衆に知らせて混乱を増幅《ぞうふく》させるべきではないという考えもゲーテに特徴的に見られる。上述の戯曲『大コフタ』の素材となった事件は、王妃マリー・アントワネットをもまきこむフランス王室のスキャンダラスな一大詐欺《さぎ》事件、通称「首飾《くびかざ》り事件」であった。ゲーテはこの首飾り事件の知らせに接した時、尋常《じんじょう》でない驚愕《きょうがく》を示したと伝えられている。その驚愕の原因は事件そのものよりも、むしろそれが大衆に広く知れ渡ってしまったことにあった。支配階級の腐敗堕落そのものよりも、むしろそのほうが危険だとゲーテは考えたのである。情報開示が進んだ今日から見れば、こうした考えもまた受け入れがたいものかもしれないが、ゲーテにとって社会秩序の維持が最優先の課題であったことの反映と考えられる。

「ゲーテ事典」というものがあって、この点に関する記述もあるが、それはこうした彼の考えに批判的である。そこには民に開示することが民の成熟《せいじゅく》化を促進《そくしん》する、その結果、民は正当な批判を加えることができる民に成長することになるとある。これは本来の啓蒙主義的考え方であろう。これに対してゲーテは、目的としての民衆の教育は必要であると考えつつも、支配階層への信頼を揺るがすような情報の開示は拒否しているのである。

革命に対するゲーテの否定的立場に関しては、さらにもう一つ指摘しなければならない点がある。自由と変革を求める機運が高まりを見せてきた時、秩序の維持《いじ》のために権力を発動させてこれを封《ふう》じ込めることもやむなしとしている点である。かなり後の時代、ナポレオンの支配も終わった一八一七年の八月、プロイセンの顧問官《こもんかん》シュルッツの来訪をイェーナで受け、彼と意気投合して語ったと伝えられる有名な言葉がある。それは「内奥の中心からの発展こそ望ましいのであって、進展は良いが完全な改革は望まない」（筆者訳）というものであった。しかしこのシュルッツの報告には続きがある。「民衆というものは突撃《とつげき》のためだけに利用するべきもので、参議《さんぎ》のために利用するべきではない」という点において二人の考えは一致し、さらに「自由への叫びは常に正義と秩序とに挑戦しようとする根本悪である」としたというのである。

自由主義に対しては苛烈《かれつ》な弾圧《だんあつ》政策を取っていたプロイセンの高官を相手にしている談話であるし、相手方が伝える報告でもあるので、全面的に信頼するわけにはいかない。というのもゲーテのプロイセン嫌《ぎら》いは長年のもので、その傘下《さんか》に入った主君カール・アウグストの軍事好きに憂慮《ゆうりょ》を抱き続けていたこともよく知られている。シュルツはゲーテを大いに気に入り、熱心にベルリン訪問を要請し、大歓迎を約束しているにもかかわらず、ゲーテはこれに応じていない。

こうした留保《りゅうほ》は考えられるが、しかし上記の報告は方向性としてはゲーテの立場と一致している。彼は文化的教養の促進とその結果としての人倫《じんりん》の涵養《かんよう》というプログラムを提示するが、その一方で政治に対する民衆の直接参加は拒否したのである。

## 革命と進化

いずれにせよ現実問題、ゲーテが封建主義的な君侯《くんこう》の側に立っていて、決して自由主義者の立場にはいなかったことは明白である。この点については一八二四年一月四日付でエッカーマンが記録している通りである。

私がフランス革命の友になりえなかったことは、ほんとうだ。なぜなら、あの惨《さん》害《がい》があまりにも身近でおこり、日々刻々と私を憤慨《ふんがい》させたからだ。同時に、その良い結果は、当時まだ予想することもできなかった（エッカーマン『ゲーテとの対話』山下肇訳、岩波文庫、下巻四八ページ）。

この点に関する非難は当時からすでにゲーテ自身に向けられていたことが、続くゲーテの言葉、「ところが、私が革命を憎んでいたというわけで、人びとは私を現存するもの、の友と呼んだ」（同、四九ページ）によって知られる。

しかし反面そこに、少なくとも一つの積極的可能性が開かれるとも言える。それはつまりゲーテがフランス革命に対して、すなわちこの近代市民社会創出《そうしゅつ》の原点とも言える事件に対して、批判者の立場を取ることができたという点である。しかもその際に彼が貴族的封建主義に対しても同時に批判者の立場を取っていたということが重要である。つまり現実的な対応としては体制維持《いじ》を最優先としたが、改革の必要性は感じていたのである。続く箇所《かしょ》での次の言葉はこのことを明言している。

もし、現存するものがすべてすぐれたもので、申し分なく正しいのなら、私もこの肩書きに反対することはないのさ。けれども、良いものが多くあると同時に、悪いもの、不正なもの、不完全なものも多く現存する以上、現存するものの友というのは、しばしば時代おくれなもの、悪いものの友というのとさして変らないことになるわけだ（同）。

批判的視点の第一として注目したいことは、改革の必要性は感じても、どのようにしてそれを実現するかという問題である。急進的革命（Revolution）という方途を拒否したゲーテがとった別の選択肢《せんたくし》は進化（Evolution）であった。先に挙げた「内奥《ないおう》の中心からの発展こそ望ましいのであって、進展は良いが完全な改革は望まない」という言葉は、こうした「進化」の考えを集約的に表したものと考えられている。この考えは地球の生成に関する火成論《かせいろん》と水成論《すいせいろん》の対立とのアナロジーで論じられる。『ファウスト』第二部の「古典的ワルプルギスの夜」でも水成論者ターレスと火成論者アナクサゴラスを登場させて論争させる場面があるが、急進的革命はゲーテにとって社会変革上の火成論であった。これに対して進化は環境の変化や内部の関係性の変化に対応して表れる必然的な発展であり、ゆるやかな変化、つまり「漸進性《ぜんしんせい》」をその特徴とするのである。

## 制度と倫理

ウエストファリア条約以降のヨーロッパにおいては国民国家が基本単位となり、フランス革命によって市民の政治参加が実現されることにより、彼らが国民国家の主権者となる時代が到来した。国際間の関係もこの国民国家間のパワーバランスの上に成立する。その基本的構造は現代に至るまで引き継《つ》がれていると言ってよい。

ところで一七九五年、革命フランスとプロイセンの間に当座の和議《わぎ》が結ばれたころ、それをきっかけに哲学者カントは『永遠平和のために』を書いた。それはこうした状況に基づいて法制度や政治体制の側面から平和樹立《じゅりつ》の方策を探《さぐ》った試みであった。「共和的市民体制」をベースにした平和論は、その後のヨーロッパ社会発展の方向性を先取りしたものであった。

これに対してゲーテの関心は体制の問題よりも、むしろ為政者と国民双方の倫理性の問題に向かう。彼の『新著作集』に一八〇〇年にまとめて発表された二行詩群『四季』の中に、カントの『永遠平和のために』に対する反応と見られる詩がある。

誰しもが自分の利をわきまえ　他人に自分の利を譲れば

すぐに　永遠の平和がもたらされよう。（七四）

誰しも自分に見合った分け前に満足しない
だからこそ　おまえたちは永遠に諍《いさか》いの種に事欠かない。（七五）
（高辻知義訳、潮出版社版『ゲーテ全集』一巻、一八一ページ）

「秋」と題された詩群のうち後半の二十編ほどは政治に関するテーマを扱っているが、目立つのはやはり倫理性《りんりせい》に関するものであり、ゲーテは制度や法よりも、統治者と国民双方の人間性の向上を重要視しており、倫理的な善性に期待していることが見て取れる。

支配者に思いやりが欠け　民衆に善意が欠けると
直ちに暴力が事を運ぶか　それとも争いを差し止めるかだ。（七二）

どの身分にでもあれ　心ばえの高い人とは？
どんな長所を持とうとも常に均り合いを心掛ける人。（六六）

（同、一八〇ページ）

## 党派性と寛容

批判的視点の三点目は、「自由の使徒」たちの党派的偏狭性《へんきょうせい》に向けられる。ゲーテに先立つ啓蒙主義《けいもうしゅぎ》の時代以来、「寛容《かんよう》」は重要な徳目の一つであった。それは思想や言論の自由を保障する前提となるからである。なかでもとりわけ宗教的な意味での「寛容」が大きな問題であった。レッシングはゲーテよりも二十歳年長であったが、教条的なキリスト教神学者との論争を契機に、宗教的寛容をテーマにした有名な戯曲《ぎきょく》『賢人ナータン』を書いた。その結論は「神にも人にも愛される人となる」ために、各宗教が互いに他を排除《はいじょ》し合うのではなく、人格の向上を競い合う関係を目指すべきであるというものである。こうした「寛容」の思想の対極にあるものが原理主義であろう。原理主義は「正義は我がほうにのみある」と考える。現代ではイスラム、ヒンディー等、非キリスト教圏のものがクローズアップされているが、キリスト教も十字軍や宗教戦争をはじめ、歴史上幾多の原理主義の事例を経験してきた。

ゲーテが「扇動者《せんどうしゃ》」や「自由の徒」を嫌《きら》ったのは、彼らの主義主張もさることながら、「自由」の旗印《はたじるし》のもとに、自らを絶対的正義と任じ、多様な思想の共存を認めない「非寛容」の典型を見たことも一因である。先にも触れたが、革命勃発《ぼっぱつ》直後に作られた『ヴェネツィアのエピグラム』の中には次のような詩句が見られる。

総じて自由の使徒たちは私にはいつも厭《いと》わしかった、
結局だれもが利己的にわがままを求めたのみ。
多数を解放しようと思えば、あえて多数に仕《つか》える勇気を持て。
それがどんなに危険なことか知りたいか。ならやってみろ。
フランスの哀れむべき運命よ、君侯《くんこう》たちは肝《きも》に銘《めい》ぜよ！
しかし間違いなく下々の者たちがなお一層《いっそう》肝に銘ずべきだ。
君侯たちは滅んだ、しかしだれが大衆に対し

大衆を守ったか。そこでは大衆が大衆の暴君《ぼうくん》となったのだ。（筆者訳）

「誰もが利己的《りこてき》にわがままに」や、「大衆が大衆の暴君となった」などの句には、他者への非寛容への指摘がある。「自由」「博愛」「平等」のスローガンの高貴さに比して、現実の革命の進展はわずかな路線の違いをめぐって血で血を洗う恐怖《きょうふ》政治を招来した。政治的にはこうした非寛容は、かたくなな「党派性」となって表れる。ゲーテは「党派性」に対しては少年時から拒否感を持っていたことが知られている。彼の「多元的価値観」や「コスモポリタニズム」はこうした前提のもとにはぐくまれたと言える。彼がフランス革命の「ジャコバン主義」と同様に、後年のドイツのナショナリズムに対しても与《くみ》することはなかったのはこのせいである。「党派的一面性」を持ち、「非寛容」であるという点では両者は同じレベルにあったからである。

このように見てくると革命とそれに引き続く戦乱に直面したゲーテは、政治体制や法制度の変革を通して平和を目指すカントとは異なり、人間の倫理的側面の変革に可能性を求めており、「党派性」や「狂信性」を否定して、多元的価値観の共生を志向していたと言える。彼の平和思想はこうした基盤《きばん》に基づいており、その根底には前章で見た「人間性（フマニテート）」の理想と人間の善性に対する期待があったのである。

しかしこうした人間性は開発され、訓練されねばならず、それをゆるがせにして制度を整えても効果は望めないと考えていた。制度的な変革が必要であったとしても、それは極力自然の進化のように漸進的《ぜんしんてき》になされるべきで、急進的な革命はその暴力的な手段のゆえに、いたずらに多くの混乱と悲劇を招くと考えたのである。それは一転して人間性とは対極の野蛮《やばん》と非人間性に堕《だ》する危険をはらんでいる。フランス革命のみならず、ロシア革命をはじめとして、多くの革命がこの懸念《けねん》を現実に演じて見せたことは否定しようもない事実であると言えよう。

# 池田SGI会長の平和思想――「SGIの日記念提言」を手掛かりに

## 平和行動の長い歴史

上記のようなゲーテの立場は、池田大作SGI（創価学会インタナショナル）会長の平和創出《そうしゅつ》の思想や行動と少なからぬ共通点を持っている。

周知のように単に日本の仏教団体の指導者にとどまらず、その枠《わく》を大きく超えて平和のための行動と運動を世界に展開しており、幾多の国際機関や学術機関から極めて高い評価を受けている。これに関連した著作も数多く、概観《がいかん》するだけでも容易ではないので、ここでは毎年発表され続けている「SGIの日記念」池田提言によりながら、その平和思想の特質を考えてみることにしよう。

そもそもその平和を目指す行動は、長い歴史を持っており、その淵源《えんげん》は第二次世界大戦中の経験にさかのぼる。四人いた兄を軍隊にとられ、そのうち長兄はビルマで戦死した。その長兄が休暇《きゅうか》で戻った時には、日本軍が中国で残虐《ざんぎゃく》行為に走っていることを池田少年に慨嘆《がいたん》した。

敗戦を経て池田青年は一九四七（昭和二十二）年の夏、戸田城聖第二代会長ひきいる創価学会に入会する。戸田会長を師匠《ししょう》とした池田青年はその薫陶《くんとう》のもと、日蓮の教えを現代社会に実践するこの団体の実質的な推進役となり、その陣容を飛躍的に発展させる。一九五七（昭和三十二）年九月、逝去《せいきょ》の半年前に戸田会長が行った核兵器廃絶を訴える「原水爆禁止宣言」は、日蓮の「立正安国《りっしょうあんこく》」の原理を冷戦構造化の国際社会に適用したものであったと言えるが、池田青年は戸田会長の逝去後、この宣言の実現を目指して世界を舞台に活動を開始する。日本の一宗教団体、しかもいわゆる新興宗教教団にすぎないとする見方は創価学会についての当時の一般的理解であった。その構想と活動はそうした固定観念をすでに当時からはるかに超え出ていたと言える。

## 二つの言論活動

こうした行動が本格化するに先立ち、一九六〇年代に池田の二つの言論活動が始まる。一つは大河小説『人間革命』の執筆である。戸田城聖の生涯、特に敗戦後の創価学会再建の歴史をテーマとしたこの小説は、戦争の惨禍《さんか》を出発点にしており、「戦争ほど、残酷《ざんこく》なものはない。戦争ほど、悲惨《ひさん》なものはない」との一句から始まっている。それは今日、著者自身の足跡を描く『新・人間革命』として営々と書き継《つ》がれている。その冒頭は「平和ほど、尊きものはない。平和ほど、幸福なものはない。平和こそ、人類の進むべき、根本の第一歩であらねばならない」となっており、それに続けて描かれているのは、戸田亡《な》き後、創価学会会長に就任した山本伸一（池田SGI会長）の、世界への平和行動の第一歩である。『人間革命』は第二次大戦で悲惨《ひさん》な戦禍《せんか》にあえいだ沖縄の地で執筆開始され、『新・人間革命』は日本軍の真珠湾奇襲《しんじゅわんきしゅう》を受けたハワイ訪問の描写から始まっている。両著の視点が、日本人やアメリカ人という民族や国民のレベルではなく、「人間」というレベルにあることを示唆《しさ》する一事である。

言論活動のもう一つは国際社会へ向けての提言の開始である。当時すでに核兵器廃絶や世界平和を願う「ラッセル・アインシュタイン宣言」をはじめ、多くの提言が行われていたし、国連を中心として国際紛争を調停するための多大な努力が払われていた。にもかかわらず、冷戦の対立構造は厳《きび》しさを増していき、ついに一九六五（昭和四十）年、アメリカ軍の北ベトナム空爆という事態に至った。これを受けて池田は六六年十一月と六七年八月、停戦と和平会議の開催《かいさい》を呼びかける提言を行う。また翌六八年九月、当時の中国の国際的孤立状態を憂慮《ゆうりょ》した「日中国交正常化」への提言を行った。

一九七〇年代に入ると平和行動は本格化し、アメリカ、ソ連、中国を繰り返し訪問する中で、着実に信頼関係を作り上げていった。またこれと並んで歴史学者アーノルド・トインビーをはじめ、多くの知識人や文化人との対談も開始される。

こうした行動を背景に、一九七五（昭和五十）年一月、ＳＧＩ（創価学会インタナショナル）が結成された。現在は一九二カ国・地域に発展したこの組織も、結成当時は五一カ国・地域にすぎなかった。さらに一九八三（昭和五十八）年以来、毎年ＳＧＩ結成記念の日を期して、「ＳＧＩの日記念」の提言を国際社会に向けて発表してきた。

## 仏教の人間主義を土台として

長年にわたる行動を背景にして発表されてきたこの「平和」への提言は、年ごとに変化する国際情勢を踏《ふ》まえながら、地球的な問題群の解決を目指す内容となっている。そこに述べられた平和思想の基底部には、仏教を土台として展開された人間主義がある。たとえば先に挙げた「原理主義」のような現代世界の思想傾向を示す観念も、いったん仏教上の観念に還元《かんげん》され、そこから再び解明や克服《こくふく》に向けての論理が構築されていく。こうした手順がとられるのも仏教的ヒューマニズムを土台としていることの帰結である。

この仏教的人間主義については前章でも述べたが、平和思想との関連で言えば、紛争解決の手段としての暴力を徹底して拒否していることがまず第一の特徴である。暴力に代わるものは人間性への信頼である。ライフワークの『人間革命』のテーマに端的《たんてき》に表現されるその精神は「一人の人間における偉大な人間革命は、やがて一国の宿命の転換をも成し遂げ、さらに全人類の宿命の転換をも可能にする」というものである。ここに述べられた理想は、一人の人間における「人間性」の向上を一つ一つ積み重ねていくという一見迂遠《うえん》な道を通じて、国家や世界の根本的軌道を変えていくというものである。第三十二回「ＳＧＩの日記念」の提言（二〇〇七年）の中で池田は次のように述べる。

パーソナル（個人的）な「一人の人間」に徹底《てってい》してスポットを当て続けること――ここに、私どもの運動の原点があります。（中略）そこから、いささかたりとも軸足《じくあし》をずらさなかったからこそ、創価学会・ＳＧＩは今日《こんにち》のような発展をすることができたのであります。

彼がその平和行動を開始したのは東西冷戦のイデオロギー対立が極限《きょくげん》にまで高まっていた時代であった。当時から一貫して、暴力的手法による政治体制の変革よりも人間の変革を優先させるべきだとする立場を取り続けてきた。

池田思想の非暴力主義は生命の絶対的尊厳の思想に基づいており、さらにそれは仏教経典の「法華経」に説かれる仏性の内在と顕現の原理に由来している。そこでは「人間性」への信頼と平和思想とが表裏《ひょうり》一体をなしていて、それらは仏教思想という根源《こんげん》を同じくしているのである。

池田思想はインド・中国・日本を包含するアジア地域の仏教文化圏のヒューマニズム的伝統を継承《けいしょう》しているものであると言えるが、他方それはルネサンス以来培《つちか》われてきた西洋ヒューマニズムの伝統を継承するゲーテと立場を同じくしている。それも偶然ではない。なぜならすでに見たように、彼はゲーテ的なヒューマニズムを最もよく代弁する詩の一節、「地上の子の最高の幸福は／人格だけである」（『完本 若き日の読書』五三一ページ）を、青年時代に読書ノートに書き写していた。すでにその当時からゲーテに共感するものを見出《みいだ》し、後年の自らの平和思想と人間主義思想構築に取り入れていったと考えられるからである。

## 原理主義との対峙

この点と並んでゲーテは、すでに見たようにフランス革命の急進性を嫌悪《けんお》し、それに反対して着実で漸進的《ぜんしんてき》な改革を優先させた。またゲーテの社会改革に向けての基本的な視点は、体制の変革よりも人間性の向上、特に倫理性《りんりせい》の向上に向けられていた。この漸進的改革と人間性の変革という点も池田思想と軌を一《いつ》にしている。この脈絡《みゃくらく》の上から、二〇〇八年一月の第三十三回「ＳＧＩの日記念」提言に述べられた、「原理主義」の分析と、それに対峙《たいじ》する方途に関する提言を取り上げて考察してみたい。

池田提言では、はじめにベルリンの壁《かべ》の崩壊《ほうかい》と、それに続くソ連邦解体後のアメリカを中心とした「新世界秩序」が、「自由」と「民主主義」を標榜《ひょうぼう》しつつ、その実《じつ》、金融主導のグローバリゼーションを主導し、「欲望の大群」と世界規模の経済格差を引き起こしたと分析する。そこにテロの一因があり、その標的となったアメリカをはじめとする国々は、これを力で抑《おさ》え込もうとしてむしろ事態を悪化させているとする。「原理主義への傾斜《けいしゃ》」はこうした情勢を背景にして生じてきたとし、「原理」対「人間」を基軸《きじく》にしてその分析《ぶんせき》を試みている。

そこでは、万事《ばんじ》に「原理」「原則《げんそく》」が「人間」に優先《ゆうせん》、先行《せんこう》し、「人間」はその下僕《げぼく》になっている。（中略）原理・原則は人間のためにあるのであって、決して逆《ぎゃく》ではない――この鉄則《てっそく》を貫《つらぬ》き通《とお》すことは、容易《ようい》ではない。

池田提言では、イスラム教に代表されるような宗教的原理主義にとどまらず、それを広くエスノセントリズム、ショービニズム、レイシズムなどの民族主義や、イデオロギーやドグマ、そして市場原理主義までをも射程《しゃてい》に入れて考察している。同提言ではフランス文学研究者・渡辺一夫の言葉を借りて、こうした原理主義の非寛容性を「自らの作ったものの機械となり奴隷《どれい》となりやすい人間の弱小さ」（大江健三郎・清水徹編『渡辺一夫評論選　狂気について　他二十二編』岩波文庫）と表現する。

そうした原理主義と対峙《たいじ》し、克服するための方途を同提言では人間主義として次のように示す。

私どもの標榜《ひょうぼう》する人間主義とは、そうした〝原理主義への傾斜〟と対峙し、それを押しとどめ、間断《かんだん》なき精神闘争《とうそう》によって自身を鍛《きた》え、人間に主役の座《ざ》を取《と》り戻《もど》させようとする人間復権《ふっけん》運動なのであります。

ここで大きく「人間」と言われているものの具体的な形を、自他の尊重、差異や多様性の尊重、自由や公正、寛容などの精神的遺産であるとし、それらは普遍的価値であるとする。池田提言ではこうした人間の普遍的徳性の根拠を仏教の「仏性」の概念にもとめている。

このように普遍的な「人間性」に軸足《じくあし》を置いて発想することによって原理主義を超越していこうとする池田思想もまた、ゲーテの立場と共通するものを持っている。ゲーテはフランス革命の時代には「自由の使徒」たちの主張と行動に見られる皮相性《ひそうせい》を嫌悪《けんお》し、ナポレオン時代以降はドイツ民族主義の持つ偏狭性《へんきょうせい》、非寛容性を拒否した。
フランス革命による動乱の時期を背景にした叙事詩『ヘルマンとドロテーア』の中で、ゲーテは一人の知恵ある老人を登場させている。高邁《こうまい》な理想を説いていたはずの革命軍の兵士が、いったん戦況が不利になるや、略奪《りゃくだつ》・暴行の限りをつくし、あさましい獣《けもの》のごとき所業《しょぎょう》に走ったことを語った上で、この老人は次のように言う。

いっぱし我とわが身を治めることができるような顔をして、
　自由なんぞを口にすべきではないのです！
いったん柵《さく》がとり払われると、法におさえられてほんの片隅に
ひっこんでいたあらゆる悪が、たちまちのさばりだしてくるのですから
（吉村博次訳、潮出版社版『ゲーテ全集』二巻、三八二ページ）

ゲーテがここに描き出しているのは、「自由主義」という形での「原理主義」がはら

む皮相性と、盲目的にそれを奉じた人々が自他にもたらした災厄《さいやく》である。

革命のイデオロギーにしろ、民族主義にしろ、先鋭化《せんえいか》してドグマ化し、原理主義の系譜に連なる危険性を常にはらんでいる。戦争と革命という暴力的手段は、今日でいう「ハードパワー」の究極である。ゲーテの立場も池田思想も、そうした「ハードパワー」に対し、人間性への信頼という「ソフトパワー」を対置しているのである。

## 「民衆」への信頼と不信

こうした共通点と並んで、当然のことながら両者には相違点も見られる。平和創出の方途という観点から、二つの点を挙げたい。一つは「民衆への信頼」、もう一つは「行為の内実」という点である。

民衆に対して、ゲーテの場合は信頼よりもむしろ不信が支配的である。そしてそれが憤激《ふんげき》に駆《か》られた群衆として現れた場合は、脅威《きょうい》でさえある。無秩序と混乱を嫌《きら》うゲーテにとって、民衆は容易にこうした群衆に、さらにはエスカレートした場合には暴徒に転化しかねない存在と考えられている。上述したシュルツの報告に見られるような見解もこうした懸念に基づいている。

池田提言ではこれに対して民衆を徹底的に信頼する。原理主義やイデオロギーに駆られ、あるいは不公正や不自由に対する怒りに駆られ、民衆が暴徒と化する可能性があったとしても、これを押しとどめるべきものはやはり民衆の結束による以外にないと考える。

したがって同じ人間主義を根幹に据《す》えながらも、ゲーテの場合には一般の民衆は必ずしもその対象に入っていない。芸術と学問を通じて人間性を高めようという「新人文主義」のヒューマニズムは、もともと極めて高度な教育が背景にあって可能になるものであり、その意味では社会的にはごく一部の文化的エリート層が念頭にあったと考えられる。啓蒙主義の思想のもとに公的な学校教育が始まって間もない時代であったから、当時の実情を考えれば、教養を構想する際にこうした偏《かたよ》りが生まれたのは仕方のないことだったかもしれない。彼にとって民衆はめいめいおのが分に安んじて、日々の務《つと》めを果たす生活を送るのが理想であり、統治はそれにふさわしい身分と能力を持ったものに委ねるべきで、そうすることによって社会の平和と秩序は保たれると考えた。

この点、現代はゲーテの時代とは比較にならないほど教育が普及し、民衆の精神生活が豊かになった時代に位置していると言える。そうした時代状況の違いもあるが、それよりも本質的な理由は、池田思想が法華経や日蓮の仏教における「一切衆生悉有仏性《しつうぶっしょう》」の考えを土台としているため、普遍的な人間性の概念がそのまますべての人間に現実に備わった可能性として考えられていることであろう。池田思想における民衆への信頼は、すなわちこの仏性への信頼なのである。

平和の実現のためには、前章で見たような、「自律《じりつ》」「共生《きょうせい》」「陶冶《とうや》」「内発性」等々の人間性の善の側面を発現させた個人が、「利己心《りこしん》」「民族性」「国家主義」「原理主義」等々の分断の論理を超えて、「民衆」というレベルの善の連帯を構築していく以外にないというのが、彼の構想である。この構想にとって、「民衆」は平和実現のための必要不可欠な主体たるべき存在なのである。

## 「行為」の持つ意味

もう一つの相違点は両者にとっての「行為」の持つ意味である。ゲーテの『ファウスト』第一部には、主人公が聖書を翻訳《ほんやく》する場面がある。ゲーテはその際、原典の「ロゴス」を訳し変えて、ついに「行為」という訳語に至る。『私の人物観』でこの点に着目し、そこにゲーテの「東洋性」を見出《みいだ》していることは先に述べたが、ここでは「行為」という訳語に込められた意味を改めて考えてみたい。

一七九七年、ゲーテは自分自身のプロフィールをこう表現した。

常に活動的で、内面的にも外面的にも働き続ける詩的な創作欲が、この人物の中核にして基底部をなしている。（遺された断片、筆者訳）

またエッカーマンの伝える晩年のゲーテに、よく知られた次のような言葉がある。

我々の存在が死後も継続《けいぞく》することへの確信は活動の概念から導き出される。もし私が終わりまで休みなく働き続ければ、今の形が私の精神をこれ以上支え切れなくなったら、自然は私に別の存在のかたちを与える義務があるからだ。（『ゲーテとの対話』、筆者訳）

これらの言葉は、自分自身の存在の本質が「活動」の概念と結び付いていることをゲーテ自身終生自覚していたことを示している。ゲーテにおける行為、あるいは活動の内実は、まず何といっても詩的な創造行為であった。詩人としての自らの天職にとっては作品を創ることが最重要の行為であった。それに次いでゲーテの活動は、政治、自然研究、芸術制作や鑑賞、ヴァイマル内外の多くの人々との社交などにわたっている。

こうしたゲーテの実人生における活動と並行して、作品の上にはその理念的な側面が示される。『ファウスト』はその代表例であるが、そのほかにも二つの『ヴィルヘルム・

マイスター』小説がある。『修業時代』に見られる以下のような箇所《かしょ》は、主人公の人間形成において活動が果たす有益な効果を述べている部分である。

自分が今いるところ、いまとどまっているところでできるだけはたらくがいい。活動的であれ、人に好かれよ、現在を晴れやかにせよ。（第七巻　八章、筆者訳）

あらゆる意味で純粋《じゅんすい》で確実な活動へと導いてくれるひとびとの仲間になろう。（同）

続編の『遍歴《へんれき》時代』でもさまざまな登場人物の口を借りて、「行為」の諸側面が語られるが、なかでも思想と行為の対極的関係について、登場人物の一人モンターンに次のように語らせているところは興味深い。

（最も大事なものとは何だろうというヴィルヘルムの問いに対し）それを言うのは簡単だ。考えて行うこと、行って考えること、これがあらゆる知恵の結論だ、昔から知られ、昔から実践されてはきたが、誰でもみな理解できたわけじゃない。（中略）人間悟性の守護神は生まれてくるものすべての耳に「行いを思考によって、思考を行いによって吟《ぎん》味《み》せよ」と囁《ささや》きかけるが、これを原則とする人は迷うことがないし、たとえ迷ったとしてもすぐに正道に戻ることができるものだ。（第二巻　九章、筆者訳）

生活を正しく意義あるものとするための重要な二つの要素、それが「考えること」と「行うこと」であるとしているのである。

小説の主人公にとっては「塔の結社」や「教育州」のようなユートピアが「行為」の具体化であり、「純粋で確実な活動」の場であった。「塔の結社」は十八世紀から十九世紀にかけてヨーロッパや新大陸に広がった啓蒙主義的な秘密結社であるフリーメーソンや啓明結社などがモデルになっている。ゲーテ自身それらに加入した時期もあるが、常に一定の距離を置いており、そうした活動に心酔《しんすい》することはなかった。

その意味では理念的には理想的な共同体として提示された「塔の結社」ではあるが、

『ファウスト』の終幕に夢想される理想の国土と同様に、その実現は当時の現実のドイツでは不可能であった。ゲーテ自身はそのような制約の中で、詩人として作品を生み出すことによって自らの生と思想を永遠化し、ドイツ人のみならず人類全体に対し、文化的に有益な貢献をなすことを目指した。社会的には志を同じくする人々との交流だけでなく、小国ヴァイマルの平和と文化の発展のために活動する人生を送った。あらましこれがゲーテの「行為」の内実であった。

ゲーテ同様、池田思想の場合も「行為」や「活動」は重要で不可欠な観点であるが、ゲーテと比べると彼の場合は「行為」の意味がより一層実践的であり、思考と行為の関係性を見てもより直接的であり、またその行動の及ぶ範囲が地理的にはもちろん、社会の各層・各分野に及んでいる点からも、より広範《こうはん》である。

## 時代を超えて共鳴する人間主義と平和主義

フランス革命というパラダイムの転換《てんかん》に直面したゲーテは、多くの進歩的知識人がその自由思想に心酔《しんすい》し、これをドイツにも移植しようと努力する中で、例外的にこれに反対した。ゲーテにとって暴力的な革命は受け入れがたいものであり、彼はその批判者の立場をとった。それは何よりもまずこの革命が、古典古代に範をとった芸術と学問による人類の教養の促進というイタリア旅行を通じて形成された彼の構想を根底から覆《くつがえ》しかねないものであったからである。

加えて彼は急進的な革命が漸進的進化という自然の発展の法則に反する不自然なものであり、いたずらに社会の秩序を破壊し、混乱に陥れ、多くの不幸と災厄《さいやく》をもたらす結果に終わると考えた。人間性の涵養《かんよう》こそ体制の変革に対して優先されるべきであり、それなくしては自由の理想もたちまち放縦《ほうじゅう》に転じ、悪徳や蛮行《ばんこう》を招き寄せる原因となりうることを憂慮《ゆうりょ》した。

今日振り返ってみれば、フランス革命や民主主義が人類の発展に果たした役割の大きさは否定することはできない。しかしまたその後の人類の歴史がその負の側面を未解決のままにはらみ続けてきたことは、二十世紀の陰惨《いんさん》な歴史が示している通りである。批判者の立場を取ることができたゲーテは、こうした負の側面を冷静に見ることができた。それはより根源的な「人間」そのものに向ける視点《してん》の欠如《けつじょ》という側面であった。国家やイデオロギーのために人命を軽視する戦争や革命は、まさに「人間」不在の極限の形である。ゲーテが産声《うぶごえ》をあげたばかりの西欧市民社会と民主主義の原理に、はやくもこうした欠陥を見抜くことができたのも、彼が「人間性」の探究を生涯の課題とし、常にその視座を忘れなかったからであると言えよう。

池田思想もまた、現代世界の現状を深刻《しんこく》なものとして認識し、未解決の多くの問題群の底に「人間」存在の軽視を、あるいは政治・経済・宗教・イデオロギーなどの陰《かげ》に隠れて人間が後回しになっている点を指摘し続けてきた。その立脚点はゲーテと共通しており、市民社会の誕生の時と、その行きついた末の現代という、二人の間に横たわる時代の隔《へだ》たりを超えて、両者の「人間主義」と「平和主義」が共鳴し合っているのである。

# おわりに

晩年のゲーテの談話をその死後に出版したエッカーマンは、はしがきのところで次のように述べている。

私の文字にあらわすことのできたほんの僅《わず》かな部分をいま眺めてみると、この自分がまるで、爽《さわ》やかな春の雨を、ひらいた両の手でけんめいに捕えようとしながら、その大部分を指のあいだから漏《も》らしてしまう子供のように思えてくるのである（エッカーマン『ゲーテとの対話』山下肇訳、岩波文庫、上巻一一ページ）。

ともに八十年を超える生涯をたゆみなく創造的活動にかたむけつくした二人の人物の著作を読む時、エッカーマンが美しい比喩《ひゆ》で表した感慨《かんがい》を、筆者もしみじみと実感せざるを得なかった。かたや談話を書きとめるという作業、かたや刊行された著作からその思想を読み解こうという作業の違いはあったとしても。両者の思想の全貌《ぜんぼう》は究めがたく、無力感に襲《おそ》われることもしばしばであったが、池田SGI会長はなお健在で、著作活動も旺盛《おうせい》である。それにあらたな意欲を得て、本書を書きすすめることができた。

そこで執筆中に発表された著作のうち、特に関係深いと思われるもの二つを紹介して結びにかえたいと思う。

一つは直近の「SGIの日」記念提言である。「人道的競争へ新たな潮流《ちょうりゅう》」と題し、二〇〇九年の一月二十六日、第三十四回SGIの日を記念したもので、前年アメリカに発した金融危機《きんゆうきき》が世界同時不況を引き起こし、日本も深刻な不況に直面した中で発表された。

すでに二年前の提言で、「資本主義社会で広がる『貨幣愛《かへいあい》』」に警鐘を鳴らし、制度的規制と並んで「道徳」や「愛」といった人間の内面的秩序を上位に置くべきことが訴えられていた。

懸念が現実のものとなった今回の提言では、グローバルな金融危機の背景にある「拝金主義」を、哲学者マルセルのいう「抽象化の精神」にほかならないとし、貨幣という抽象物が人間を置き去りにした現状を説明する。さらに創価学会の牧口常三郎初代会長の「人道的競争」の概念を使いながら、適正な枠組《わくぐ》みとルールに基づき、人道という価値に基盤を置く「競争」こそ、新しいパラダイムになりうると訴える。この理念的基礎の上に、環境・エネルギー、地球公共財、核兵器廃絶の三点にわたって具体的な提言がなされる。

当面する国際的な情勢は移り変わっても、仏教的ヒューマニズムに軸足を置く視点は、今回の提言でも一貫しており、示唆《しさ》に富む内容として多くの識者の反響を呼んでいる。

もう一つは聖教新聞紙上に発表されたゲーテ論である。二〇〇九年三月、「『歴史の巨人』と語る」の連載二回目のテーマとしてゲーテが選ばれた。

〝ゲーテは『勇気』を教えてくれる〟というエマソンの言葉から始まる今回のゲーテ論は、自身のゲーテの生家訪問の回想から始まり、マンフレット・オステン前フンボルト財団所長のゲーテ論を通して、「永世」と「報恩感謝《ほうおんかんしゃ》」についてのゲーテの考えに、仏法と共通する要素を指摘している。

ヘルダーとの師弟関係に続いて、「ゲーテ的な生き方」として山下肇《やましたはじめ》氏の言葉を紹介する。「それは、時代の変革期に、あらゆる可能性を自力で試し、何事も自分の力で無から創造していくルネサンス人の生き方である」。

「人間主義の王者ゲーテ」と題された今回のゲーテ論の核心をなすのが末尾近くの次の一文であろう。「師弟、正義、そして闘争――この生命の正道を、艱難《かんなん》に耐えて歩み通した人生のみが融合できる、宇宙の奥深き法則の次元がある」。

最晩年のゲーテとほぼ同年に達するまで、人間共和と世界平和という不可能と思える課題に挑み続けた池田SGI会長の人生。その末に到達した境地を総括《そうかつ》した言葉として感銘《かんめい》深い。その人生を通じて折々に発表され続けたゲーテ論をもあわせて振り返る時、それらは二百年の時を超えた「人間主義」をめぐる対話の観を呈してくるのである。

二〇〇九年十月

## 第二版に寄せて

この度の第二版においては、必要最小限の字句の修正にとどめ、内容の改編に立ち入ることはしなかった。しかし、二〇二三年の十一月、池田大作ＳＧＩ会長の逝去というできごとがあった。初版の発刊から十四年、くしくもそれと同じ月のことであった。このため、とくに「おわりに」における記述の中に、実情にそぐわない箇所が生じている。しかし、第二版の編集方針の上から本文の改編は控え、ここにその点を付記することをもって替えることとした。読者のご寛恕を乞う次第である。

二〇二四年一月

**田中亮平**（たなか・りょうへい）
1953年、長崎県生まれ。東京大学文学部卒。東京大学大学院博士課程中退。岡山大学講師、創価女子短期大学助教授を経て創価大学教授。専攻はドイツ文学。著書に『入門ドイツ文法』など。主要論文に「革命との対峙――ゲーテの三つの革命劇を中心に」がある。

時《とき》を超《こ》えた詩心《しごころ》の共鳴《きょうめい》――ゲーテと池田《いけだ》大作《だいさく》

---

2009年11月18日　初　版第1刷発行
2024年2月20日　第2版第1刷発行

著　者　田中亮平《たなかりょうへい》
発行者　松本義治
発行所　株式会社　第三文明社
東京都新宿区新宿1-23-5　郵便番号　160-0022
電話番号　03（5269）7144（営業代表）
03（5269）7145（注文専用）
03（5269）7154（編集代表）
URL　https://www.daisanbunmei.co.jp
振替口座　00150-3-117823

印刷・製本　明和印刷株式会社

---



ISBN978-4-476-15003-2